"生态旅游"系列丛书

旅游者碳足迹

王怀採　罗　芬　钟永德　著

中国林业出版社

图书在版编目（CIP）数据

旅游者碳足迹／王怀採，罗芬，钟永德 著. —北京：中国林业出版社，2011.5

ISBN 978-7-5038-6177-2

Ⅰ. ①旅… Ⅱ. ①王… ②罗… ③钟… Ⅲ. ①旅游业发展－节能－研究－张家界市 Ⅳ. ①F592.764.3

中国版本图书馆 CIP 数据核字（2011）第 090626 号

责任编辑：李　顺　　　电话、传真：010－83223051

出版　中国林业出版社（100009　北京西城区刘海胡同 7 号）
网站　http://lycb.forestry.gov.cn/
印刷　三河祥达印装厂
发行　新华书店北京发行所
版次　2011 年 5 月第 1 版
印次　2011 年 5 月第 1 次
开本　787mm×960mm　1/16
印张　9
字数　200 千字
印数　1～2000 册

定价　32.00 元

前　言

旅游业不仅受气候变化的影响，也是造成气候变化的原因之一。不断增加的人类干预自然环境的主动性，引起环境资源的迅速退化。2007年在瑞士达沃斯举行的第二届国际气候变化与旅游大会上，一份名为《气候变化和旅游事业：应对全球气候挑战》的官方报告指出，在2006年，由于旅游的交通运输、住宿及其他相关活动造成的二氧化碳（CO_2）排放占总排放量的4%~6%。如果不采取环保措施，在未来的30年内，旅游业二氧化碳的排放将增加1.5倍，气候变化对旅游部门的影响将越来越明显。国际社会已经普遍认识到，要解决气候变化和旅游双向的负面影响，必须实施可持续发展的旅游政策。在制定旅游业应对气候变化的相关政策时，必须切实找到旅游业影响气候变化的关键问题或环节，有针对性地制定相关政策或策略。

首先，本书对气候变化、旅游、碳排放、低碳经济、碳足迹及其相互关系进行了研究回顾。认为旅游是在一系列的社会经济条件下产生的游客从客源地到目的地再回到客源地过程中一种社会经济现象，也是“吃”、“住”、“行”、“游”、“购”、“娱”等各个环节相互衔接、相互交叉，共同影响来完成的一个过程。对该过程碳足迹的研究，适宜采用基于产品或服务从“摇篮”到“坟墓”的生命周期评价理论。

然后，基于生命周期评价理论和旅游业的产业特性，提出旅游碳足迹包括旅游者碳足迹、旅游产业碳足迹和旅游经济碳足迹3个概念。根据服务认定、消费溯源、边界明确、区域共担、产业特定和可操作性等6项原则，结合对美国、英国、爱尔兰、加拿大、中国的碳足迹计算模型因子参数值分析，确定了旅游碳足迹计算因子参数值。

其次，以我国第一个国家森林公园、世界自然遗产、世界地质公园的所在地张家界市为研究对象，通过对张家界市旅游局、武陵源区旅游局、永定区旅游局和慈利县旅游局共10名主管领导访谈，对65家张家界旅行社（其中国际社18家，国内社47家），30家张家界旅游酒店企业和10家旅游商品生产与销售企业的管理者共计100人次进行了访谈与问卷调查，另外通过随机抽样方式访谈与调查游客1200人，了解张家界旅游业的主要能源消耗情况。

再次，根据产品生命周期评价理论，结合旅游碳足迹计算原则，计算得出2008年张家界旅游碳足迹总量为6685816.16kg，约为6686t。其中旅游交通碳足迹为2597673.46kg，占38.85%，旅游景区运营碳足迹为392725.85kg，占5.87%，旅游餐饮碳足迹为1144316.33kg，占17.12%，旅游住宿碳足迹为1597006.44kg，占23.89%，旅游娱乐碳足迹为716808.29kg，占10.72%，旅游购物碳足迹为237285.79kg，占3.55%。

最后，根据前文对张家界旅游碳足迹的空间与时间分析，提出使用清洁能源交通，减少张家界区域内部交通碳足迹；设立能源强度目标，强化以张家界为核心的区域旅游合作；适度发展自驾车旅游，鼓励采用低碳旅游出行工具；尽快编制旅游卫星账户，采用多种方法分析旅游碳足迹；充分利用现有酒店设施，推进旅游景区、酒店业节能减排；倡导游客绿色健康体验，规范游客旅游行为；深化旅游产业能耗认识，树立低碳旅游发展观念；制定低碳旅游政策，促进张家界低碳经济发展等策略来促进张家界低碳旅游的可持续发展。

本研究和成果出版得到了湖南省旅游业可持续发展研究基地和中南林业科技大学国家社科基金预研项目的研究资助；同时得到了江西财经大学李文明博士，中南林业科技大学洪文艺博士、成凤明博士的热心帮助。感谢张家界旅游局丁云勇局长、何智能副局长，张家界旅游局相关职能部门，武陵源区人事局、旅游局等，感谢洪梅、李穗菡、罗彤、扶梅娟、张元喜、尚军辉对调研的大力支持。

本书是对低碳旅游与旅游者碳足迹研究的一次探索。由于水平有限，错误、纰漏之处在所难免，真诚地希望各位专家、学者批评指正。

作　者

2011年1月

目 录

第一章
气候变化、旅游与碳足迹

第一节　国内外宏观背景

自工业革命以来，工农业生产中人为排放的温室气体[主要是二氧化碳(CO_2)和甲烷(CH_4)]，已导致大气中温室气体的浓度上升，从而可能导致温室效应增强，引起全球变暖。以全球变暖为特征的气候变化将会引起一系列严重的环境与生态后果，例如冰川融化、海平面上升、极端气候事件增加，并会对全世界的沿海地区及生态系统的生命支持体系以及对农业、粮食生产和水资源产生严重影响。但自20世纪80年代以来，全球气候变化的事实已经引起国际社会的高度重视。中国政府和专家积极参与的政府间气候变化专门委员会(IPCC)第二次评估报告认为，自19世纪末以来，全球平均地面温度上升了0.3～0.6℃，而北欧、东亚、南非、北美、澳大利亚等地区温度上升更为明显，平均约上升0.8～1.0℃，在过去的100年中，全球海平面也相应上升了10～25cm。政府间气候变化专门委员会的第四次评估报告认为，1995～2006年的全球平均气温是1850年以来出现的最暖的12年，在1906～2005年的100年里，全球平均地面温度上升了0.74℃，远高于第三次评估报告的0.6℃，其中亚洲平均地面温度上升最快，近年来甚至超过了1℃[1]。因此，气候变化的影响是多尺度、全方位、多层次的。

全球气候变化的主要驱动因素——二氧化碳等温室气体的影响具有全球性和长期性特征，与经济发展、能源利用之间存在着密切关系，所以二氧化碳减排问题不仅是科学问题、环境问题，而且是历史问题、能源问题、经济问题和政治问题。气候变化和二氧化碳减排早已经引起全球各界的高度重视，为应对气候变化，国际社会做出了相应努力。自20世纪80年代以来，召开了一系列国际会议讨论气候变化带来的影响和人类应对策略。1990年联合国大会通过一项决议，开展气候变化公约的谈判。经过国际社会的共同努力，1992年5月9日在纽约联合国总部通过了《联合国气候变化框架公约》。不久，在1992年6月召开的联合国环境与发展大会上，共5个国家签署了该《公约》。《公约》的主要目的是通过限制温室气体，特别是二氧化碳排放，达到防止全球气候变化的目的。1997年12月1～10日《公约》第3次缔约方大会在日本京都举行。为履行《公约》通过了一项议定书，即具有法律约束力的、有明确温室气体减排数量与时间规定的《京都议定书》。该议定书规定《公约》附件一中所列的国家(《议定书》中所指的附件B国家)在2008～2012年间使其温室气体排放量与1990年相比至少削减5%(各国具体减排指标有所差异)。《议定书》中规定的温室气体主要有：二氧化碳(CO_2)、甲烷(CH_4)、氧化亚氮(N_2O)、氢氟碳化物(HFCs)、全氟化碳(PFCs)、六氟化硫(SF_6)。

1992年，里约热内卢联合国大会上通过了《21世纪议程》。之后各国纷纷订定了其本国的《21世纪议程》或国家行动计划。中国政府在1994年即发表了《中国21世纪议程》，提出了中国在21世纪社会、经济与环境可持续发展的具体方案。气候变化在该议程中被列为优先领域之一，充分表明了中国政府对气候变化问题的重视。

自20世纪80年代以来，中国提出了开发和节约并重的能源政策，强调合理和高效利用能源资源，促进提高能源使用效率。20世纪90年代以来，又进一步将节约能源置于能源政策中的优先地位，制定和完善了一系列相关法规和政策。如颁布和实施了《中华人民共和国节约能源法》；制定实施了一系列有关财政、信贷和税收等方面的节能经济政策；制定发布了许多专项节能技术政策。在国务院直接领导下，成立了国家气候变化对策协调小组，该协调小组是有关气候变化对策问题的跨部门议事协调机构，由国家发展和改革委员会牵头，成员单位包括：外交部、科学技术部、国家经济贸易委员会、中国气象局、财政部、国家环保总局、农业部、交通运输部、水利部、建设部、国家林业局、国家海洋局和中国科学院。

近年来，中国政府和有关部门与国外各相关机构在气候变化方面开展了广泛的交流与合作，为中国更好地参与气候变化方面的工作起到了极大的促进作用。中国为减缓气候变化所采取的措施和行动包括提高能效、节约能源。能源部门是二氧化碳排放大户，中国政府采取了一系列政策和措施，减少能源行业的二氧化碳排放，如中国采取了加速开发大规模和高效热电厂发电技术、升级和替换低效发电机等措施。改善能源结构，积极开发可再生能源。改善能源结构，逐步降低煤炭的使用比例是中国可持续发展能源战略的一项重要内容。中国采取了一系列政策和措施促进开发和利用高质能源资源，如水电、石油、天然气、煤气等。1996年以前，煤炭在中国总的能源消费中占了75%；到2000年，煤炭在中国总商业能源消耗中的比例下降到67%。中国可再生能源的比例也在不断提高，同时大力开展植树造林活动。森林是天然的二氧化碳“吸收器”。1990～2000年间，中国完成了5273万hm^2人工造林。中国森林覆盖率逐年提高，2010年可望达到20%[2]。

2007年9月8日，中国国家主席胡锦涛在亚太经合组织（APEC）第15次领导人会议上，本着对人类、对未来高度负责的态度，对事关中国人民、亚太地区人民乃至全世界人民福祉的大事，郑重提出了四项建议，明确主张“发展低碳经济”，令世人瞩目。他在这次重要讲话中，一共说了4回“碳”：“发展低碳经济”、研发和推广“低碳能源技术”、“增加碳汇”、“促进碳吸收技术发展”。他还提出：“开展全民气候变化宣传教育，提高公众节能减排意识，让每个公民自觉为减缓和适应气候变化做出努力。”这也是对全国人民发出了号召，提出了新的要求和期待。胡锦涛主席建议建立“亚太森林恢复与可持续管理网络”，共同促进亚太地区森林恢复和增长，减缓气候变化。2007年，国务院总理温家宝在全国节能减排工作电视电话会议上强调，要有效控制高耗能、高污染行业过快增长。电力、钢铁、有色金属、建材、石油加工、化工等行业，占了全社会能源消耗和污染排放的大头。遏制这些高耗能、高污染行业过快增长，是推进节能减排工作的当务之急，也是当前宏观调控的紧迫任务。2009年，温家宝总理在听取并审议了国家发展和改革委员会关于应对气候变化工作情况的报告时，指出要强化应对气候变化综合能力建设。制定应对气候变化的科技发展战略与规划，开展低碳经济试点示范，推动形成资源节约、环境友好的生产方式、生活方式和消费模式。加大资金投入力度，提高应对气候变化政策措施的实施保障能力[3]。2009年8月温家宝总理主持国务院办公会，提出应对气候变化工作，要培育以低碳排放为特征的新的经济增长点，开展低碳经济示范。2009年5月，科学技术部社会发展司、中国21世纪议程管理中心组织成立了低碳科技示范专家组，探究提出了《低碳经济科技示范区工作方案》。另外，据相关报道，自2009年年底开始，山东、海南、湖南、湖北、江西等区域提出了建立省级或区域性低碳旅游示范区，抢占经济发展的制高点。

“低碳经济”最早见诸于政府文件是在2003年的英国能源白皮书《我们能源的未来：创建低碳经济》。低碳经济是以低能耗、低污染、低排放为基础的经济模式，是人类社会继农业文明、工业文明之后的又一次重大进步。低碳经济实质是能源高效利用、清洁能源开发、追求绿色GDP的问题，核心是能源技术和减排技术创新、产业结构和制度创新以及人类生存发展观念的根本性转变。“低碳经济”提出的大背景，是全球气候变暖对人类生存和发展的严峻挑战。随着全球人口和经济规模的不断增长，能源使用带来的环境问题及其诱因不断地为人们所认识，不止是烟雾、光化学烟雾和酸雨等的危害，大气中二氧化碳浓度升高带来的全球气候变化业已被确认为不争的事实。在此背景下，“碳足迹”、“低碳经济”、“低碳技术”、“低碳发展”、“低碳生活方式”、“低碳社会”、“低碳城市”、“低碳世界”等一系列新概念、新政策应运而生。而能源与经济以至价值观实行大变革的结果，可能将为逐步迈向生态文明走出一条新路，即摈弃20世纪的传统增长模式，直接应用新世纪的创新技术与创新机制，通过低碳经济模式与低碳生活方式，实现社会可持续发展。

未来的30年，中国的工业化、城市化和现代化仍处于加速推进的阶段，也是能源需求快速增长的时期；13亿人口的生活质量提高，也会带来能源消耗的快速增长；生产领域、消费领域和流通领域都处于高碳经济的状况，必然导致温室气体的高排放，产生一系列经济、外交、生态等方面的严重后果。这些严峻的挑战，使得我们必须把推行低碳经济模式提到国家战略层面上加以思考。

世界旅游组织秘书长弗朗加利说，旅游业也是气候变化的受害者。海岸地区以及热带海岛(如马尔代夫)的经济主要依赖旅游业，而这些地区的旅游业正受到因为气候变温而引起的海面上升的威胁。

全球变暖引起的冰盖融化，海平面上升，将会导致海岸和海岛风景地的变迁，这对像马尔代夫这些依赖旅游业的小岛国来说是灾难性的。气候变化使海平面每10年以4～10cm的速度上升，处在大洋中的斐济、巴布亚新几内亚、库克群岛和我国海南省都因此而面临严峻问题。

气候变暖使地中海东部避暑胜地气温超过40°C的天数明显增加，使澳大利亚海滨上空的云层覆盖减少，游客们的皮肤越来越多地暴露在有害的太阳射线之下，这让旅游者望洋却步。自然保护区和国家森林公园这些以生态环境和物种多样性为特色的旅游景点也受到了严重影响。一项分析表明，在二氧化碳含量增加1倍的情况下，加拿大国家公园体系的75%～80%将经历一次植被变迁，在美国11个州超过33%的地域内，各种动物的栖息地正遭受气候变化的威胁。

气候变化改变了旅游和户外休闲活动营业季节的长短，这对旅游企业来说是生死攸关的问题。在加拿大43%的国内旅游支出和62%的国际旅游支出都发生在7～9月之间，而温暖气候的增加对高尔夫球运动、野营和划船等是有益的，这可能是气候变化少有的正面影响，但如果考虑到旅游密度增加导致的环境破坏可能会得不偿失。气候变暖导致了降雪减少和旅游季节缩短，这对北美和阿尔卑斯山脉经营雪上和冰上项目的冬季休闲度假地已造成了损失。高纬度和高海拔地区的损失更大些。

气候变化还会造成传染病的传播，从而影响到旅游业。全球变暖和较大规模的气候波动在全球疾病大暴发中起着重要作用。那些涉及到害虫传播的疾病对环境变化十分敏感，例如脑炎的流行就与严重的干旱有关。极端天气事件也会直接导致死亡和伤害，使心脏和呼吸系统疾病引起的死亡率上升。全球范围内新传染病的出现以及疟疾、登革热和霍乱等卷土重来，旅游业都是最直接的受害者，如 2003 年流行的“非典”就给我国的旅游业造成沉重打击。

值得注意的是，旅游业不仅是气候变化的受害者，也是造成气候变化的原因之一。其中影响最大的是空中飞行。现在，乘飞机旅行已成为温室气体排放增加最快的来源，占总排放量的 3%，预计到 2050 年将达到 7%。2000 年的国际旅行者有 6980 万人次，2010 年达到 9.35 亿人次，到 2020 年将达到 16 亿人次，旅游业的繁荣使空中飞行次数急剧增加，这给全球变暖造成了巨大影响，反过来又影响到旅游业自身的发展[4]。

2003 年 4 月，世界旅游组织在突尼斯的杰尔巴岛召开了全球首届“旅游与气候变化”的国际会议。会议发表的杰尔巴宣言认为，“气候变化已经给一些旅游目的地造成了影响，这种影响在未来有继续扩张的趋势，因此，国际组织、政府和私人部门必须在国际、国家和地方 3 个层面加强协调以采取相应的对策”。世界旅游组织秘书长弗朗加利指出，发达国家温室气体减排上不作为将会给旅游业带来悲剧性的后果[4]。2007 年在瑞士达沃斯举行的第二届国际气候变化与旅游会上，一份名为《气候变化和旅游事业：应对全球气候挑战》的官方报告指出，由于旅游的交通运输、住宿及其他相关活动会造成的二氧化碳排放占总排放量的 4%~6%；联合国世界旅游组织旅游市场预测结果显示，若不采取措施，在未来的 30 年内，二氧化碳的排放将增加 1.5 倍；气候变化对旅游部门的影响将越来越明显；气候变化的模式变化有可能引起某些重要气候地区旅游业主要潮流的改变，如北欧地区、地中海地区和加勒比海地区；最不发达国家的沿海、山区等地区和小岛屿发展中国家可能特别容易受到影响[5]。

自 21 世纪初以来，国际社会对碳源碳汇的研究已加以关注。2002 年 IGBP（International Geosphere-Biosphere Programme）、IHDP（International Human Dimensions Programme on Global Environmental Change）和 WCRP（World Climate Research Programme）共同制定了“全球碳项目（GCP）——全球碳循环国际合作研究框架”。在这一框架下，将动员全世界的科学家从 3 个科学主

题(即碳循环模型和变量、碳循环过程和控制的相互作用、碳循环的未来动态)入手，用10年时间完成框架确定的研究内容。据查阅：美国、加拿大、英国、澳大利亚、新西兰、丹麦、韩国、印度和非洲的客麦隆对碳源/碳汇已开展了一系列研究工作。美国的华盛顿和芝加哥、英国的威尔士、印度的马杜赖、丹麦和韩国的部分城市对城市中碳的排放和树木对碳的吸收做了部分研究[6]。

研究者在对碳源/碳汇问题研究中发现，无论是开车上班、乘飞机旅行，还是使用电灯、电脑，都消耗石油、煤和天然气等化石燃料。这些化石燃料在燃烧时，会排放出诸如二氧化碳之类导致地球变暖的温室气体。目前大气层中98%的二氧化碳都是来自化石燃料的燃烧。关心环境和全球变暖问题的环保爱好者们，通常都希望通过提高家庭能源利用率和减少开车等方法，来降低自己的碳排放量。因此，用来衡量我们在日常生活中二氧化碳消耗量方式之一的碳足迹就应运而生了。目前，很多人已经开始努力减少自己的碳足迹，更有些人希望能彻底将其消除。

人们对旅游的认识随着时间的前行，也发生了巨大的变化。在20世纪60年代，认为旅游业是绿色产业、无烟产业，更多地侧重其经济价值的认同；在20世纪80年代开始，意识到旅游业在给当地带来巨大经济效益的同时，也产生了众多的环境问题和社会问题；20世纪90年代以后，伴随着国内旅游基础设施的改善、居民经济收入和休息时间增加，包括了交通业、饭店业、景区景点业的旅游产业产生了更多的问题。其中之一是由于游客离开客源地达到目的地，完成旅游体验回到旅游客源地的过程中，消耗了石油、煤、天然气等化石燃料导致大气中二氧化碳的含量剧增，成为一个重要的碳源。随着全球生态环境的恶化，低碳经济可以称之为“第五次全球产业浪潮”，并首次把低碳内涵延展，其中就包括了低碳社会、低碳城市、低碳社区和低碳旅游等。发展低碳经济，建设低碳社会已经成为我国的战略重点和全民教育重要方向。

国际社会已经普遍认识到，要解决气候变化和旅游双向的负面影响，必须实施可持续发展的旅游政策。可持续发展要求旅游业承担温室气体的减排责任，通过征收航空燃油税和旅游附加税达到减排目的，获取发展可替代绿色能源的资金；提倡对环境友善的，以亲近自然、减少污染和能源消耗为特征的生态旅游。目前中国已经成为世界第3大旅游国，二氧化碳排放量居世界第2位，因此，旅游业的健康发展和环保方面的国际义务都要求我们实行可持续发展的旅游政策。

2009年《国务院关于加快发展旅游业的意见》指出，实施旅游节能节水减排工程；支持旅游经营单位利用新能源新材料，广泛运用节能节水减排技术，实行合同能源管理，实施高效照明改造，减少温室气体排放，积极发展循环经济，倡导低碳旅游方式[7]。目前，从世界范围看，当前实体经济的调整已非纸上谈兵，发展低碳经济成为了各国的共识。因此，结构调整的方向已基本明确，目前需要尽快出台促进低碳经济发展的政策措施。

综观国内外的研究现状，低碳旅游、旅游碳足迹的研究并不是很多，在中国目前仍是空白。本研究特别结合旅游碳足迹，以旅游的视角来分析旅游碳足迹，大力发展区域低碳旅游，甚至零排放旅游，为区域可持续发展，提出相关对策措施。通过以世界知名旅游目的地湖南省张家界为研究对象，了解旅游产业链中，因交通、餐饮、住宿、娱乐、购物、游玩等环节中所产生的温室气体排放量，从而真正找到旅游业发展过程中主要的碳源是哪些环节或单位，让当地政府或旅游行政管理部门提高发展低碳旅游经济政策制定的针对性，让游客意识到在旅游过程中所产生的温室气体排放量以提高环境保护意识和行动来减少温室气体排放量，让旅游经营单位或从业人员认识到如何既减少单位能耗，又提高节能减排意识。

第二节　气候变化与碳排放

联合国环境规划署(UNEP) 2008 年 3 月 16 日报告：由于全球气候变化，冰川正在以最快的速度融化，并且许多冰川可能在数十年内消失。科学家调查发现：世界各地近 30 条冰川，1980 ~ 1999 年平均每年退缩 0.3m；但自 2000 年起，后退速度升至每年平均 0.37m；2006 年起，平均退缩了 1.5m。2008 年 6 月 19 日出版的 Nature 杂志报道来自美国劳伦斯利弗莫尔国家实验室(Lawrence Livermore National Laboratory，LLNL)、澳大利亚天气与气候中心(Centre for Australian Weather and Climate Research)以及南极气候和生态系统合作研究中心(Antarctic Climate and Ecosystems Cooperative Research Center)的研究小组利用改进观察方式比较气候模型显示，在 1961 ~ 2003 年，海平面每年的上升速度为 1.5mm，也就是说，在这 42 年间海平面大约上升了 6.35cm[8]。全球气候变化和持续升温将导致地球自然生态系统危机，并给人类社会造成巨大的灾难。早在 1896 年诺贝尔化学奖获得者斯凡特·阿列纽斯((Svante Arrhenius)就预测：化石燃料燃烧增加大气中二氧化碳浓度，从而导致全球变暖。

一、气候变化涉及的科学问题

研究表明，只有到2050年将大气中二氧化碳浓度增幅控制在工业化前水平的2倍以内，才可能避免发生极端的气候变化。气候变化涉及的科学问题概括起来由3部分组成：①大气二氧化碳（CO_2）平均浓度从工业革命前的280mg/L后，全球平均气温上升2～3℃；②全球平均气温上升超过“2℃阈值”后将给人类社会带来灾难性后果；③世界各主要国家必须减少化石能源的利用，到2050年将大气二氧化碳当量浓度控制在560mg/L以下的目标[9]。根据气象观测资料，过去100多年来，全球平均气温上升了0.74℃，与此同时，人类向大气中排放了大量的二氧化碳和其他温室气体，大气二氧化碳当量浓度增加了约60%左右。如果这0.74℃增温完全由温室气体浓度升高造成，则二氧化碳（CO_2）倍增后升温将不超过1.25℃，显然敏感性达不到2～3℃。

美国NASA戈达德太空研究所（Goddard Institute for Space Studies, NASA）主任James Hansen呼吁：大气中的二氧化碳浓度已经到了危险水平（385mg/L是“引爆点”，2007年是383.1mg/L），控制大气中二氧化碳浓度成为人类社会刻不容缓的事情。

不言而喻，要控制大气中二氧化碳浓度，首要的是要弄清大气二氧化碳的产生机制。事实上，自然过程和人类活动都向大气排放二氧化碳，例如植物生长过程和能源化石燃料的燃烧等。德国不来梅大学环境物理研究所米歇尔·布赫维茨（Michael Buchwitz）研究发现：大气和地球表面的天然二氧化碳通量一般要大于人为排放量引起的二氧化碳通量。然而，这并不意味人为来源的通量不重要。事实恰恰相反，由于人为排放量引起的二氧化碳通量只会朝一个方向进行，而天然二氧化碳通量会在两个方向都发生——植物生长吸收大气中的二氧化碳，植物腐烂又会将大部分或者全部二氧化碳释放到大气中。研究人员已经证实他们测量的二氧化碳空间模式与目前的二氧化碳排放量数据以及人口密度密切相关。但对有关二氧化碳源（如火灾、火山爆发和生物呼吸）和汇（如陆地和海洋）的认识还存在许多缺陷。

二、人类活动与气候变化

2007年政府间气候变化专门委员会（IPCC）报告说：当前气候变暖的原因90%以上的可能性是由人类活动造成的[10]。世界气象组织全球大气监测（WMO-GAW）全球温室气体监测网络（Global Greenhouse Gas Monitoring Network）认为：自工业化以来，CO_2，CH_4，N_2O以及CF－11，CFC－12等5

种温室气体引起的辐射强度达到了97%。

从自然科学的角度看，太阳活动强度变化、大气气溶胶浓度的变化、土地利用与土地覆被状态变化和海洋的作用是导致全球平均气温升高的因素[11]。具体而言：①根据最近几万年来气候变化的地质记录，太阳活动强度变化是造成10年、100年和1000年尺度气温波动的最为重要的因子，但人类对这种活动强度变化无能为力；②海洋作用主要表现为通过海洋吸热、环流调整等过程对全球气温变化起平衡作用，因此不应作为全球气候变化的外在驱动因子；③土地利用；④大气气溶胶浓度。后两者都与人类活动有关，尤其与近百年来工业化推进城市化有关，城市化过程可能是全球气候变化的最重要的人类活动因素之一。

从社会发展过程看，在过去的200年间，由于工业革命导致大规模的化石燃料使用，全球二氧化碳排放量和城市化水平一直在同步稳定增长，目前均有加快的趋势。

再从碳排放源头看，城市是人口、建筑、交通、工业、物流的集中地，也是高耗能、高碳排放的集中地。据统计，全球大城市消耗的能源占全球的75%，温室气体排放量占世界的80%。从最终使用(end use)的角度看，碳排放的来源可以分为产业(industry)、居民生活(residence)和交通(transportation)三个主要的组成部分。根据美国资料，由建筑物排放的二氧化碳约占39%，交通工具排放的二氧化碳约占33%，工业排放的二氧化碳约占28%。英国80%的化学燃料是由建筑和交通消耗的，城市是最大的二氧化碳排放者[11]。目前，人为二氧化碳排放主要来自火力发电、交通运输、锻烧水泥、冶炼金属、取暖做饭等居家生活。

如果人们试图减少对二氧化碳排放趋势估计的复杂性，便只需考虑三个变量：人口变化趋势、社会发展阶段和能源结构[9]。

三、中国二氧化碳排放研究

我国碳排放总量目前缺乏实测数据，主要采用经济增长——环境质量的简约式回归方程估算。据《中华人民共和国气候变化初始国家信息通报》，1994年我国温室气体排放总量40.6亿t二氧化碳当量，扣除碳汇后的净排放36.5亿t二氧化碳当量，二氧化碳排放量占温室气体比重76%。2004年我国温室气体排放总量61.0亿t二氧化碳当量，扣除碳汇后的净排放56.0亿t二氧化碳当量，二氧化碳排放量占温室气体比重83%[12]。据曲建升等研究，2006年中国二氧化碳排放总量49.74亿t、人均二氧化碳排放量3.78t，二氧化碳排放强度(单位GDP排放量)2.35t/万元GDP[13]。根据美国华盛顿的全球发展研究中心碳监测行动(Carbon Monitoring for Action, Center for Global Development)2008 年公布的数据，全球因发电产生的二氧化碳排放 114 亿 t，中国发电产生的二氧化碳排放 31 亿 t，居第一位，美国 28 亿 t，居第二位；但澳大利亚发电产生的二氧化碳人均排放量超过 10t，居世界首位，美国人均的电力二氧化碳排放量约是中国的 4 倍。

中国城市化与经济增长相辅相成，经济的快速增长也导致二氧化碳排放量的快速增长。改革开放 30 年来，我国经济总量已经从 1978 年的 3624.1 亿元上升到 2007 年的 249529.9 亿元，社会转型并进入工业化、城市化快速发展阶段，能源消费和相应的二氧化碳排放总量也快速增加，1990 ~ 2001 年间，中国二氧化碳排放量增长 8.23 亿 t，占世界总增长量的 27%[14]。根据何建坤研究，中国 1990 ~2005 年间 GDP 的能源强度下降了 47%，但同期 GDP 增长 4 倍、二氧化碳排放量增长 1 倍以上。在 2002 ~2007 年间，中国二氧化碳排放量翻了一番，并且成为全球二氧化碳第一排放大国[15]。

根据国际全球变化人文因素计划中国国家委员会(CNC-IHDP)产业转型(IT)工作组 2007 ~2008 的研究认为[16]：中国产业产值结构和技术结构存在很大的减排能力。通过将碳排放计算公式分解为能源消费总量、能源消费结构、产业技术因素、中间投入量、产业产值结构和工业总量等 6 个因素，借助 LMDI 分解方法，分析中国 1997 ~2002 年工业燃烧能源导致的碳排放量，结果显示：工业总量的增加是导致碳排放增加的最主要原因，而技术因素和产业结构因素并没有很大程度抑制碳排放的增加。根据计算结果，产业技术因素起到的减排作用仅占 12.64%，而产业产值结构起到的减排作用占 17.53%，其他很大一部分来源与中间投入量的变化有关。因此，加快技术进步、调整产业结构对于我国减排仍存在很大潜力。

国际全球变化人文因素计划中国国家委员会(CNC-IHDP)秘书处 2007 年组织开展"全民节能减排潜力量化指标研究"，研究结果显示：如果全民积极参与节能减排，36 项日常生活的生活行为(包括衣、食、住、行、用)年节能总量约为 7700 万 t 标准煤，相当于二氧化碳减排 2 亿 t。

CNC-IHDP 产业转型(IT)工作组利用 2005 年中国非竞争型投入产出表对我国进出口贸易与经济、就业、能源等关系的定量计算发现：2005 年出口贸易对 GDP 拉动为 48080 亿元，占当年 GDP 26.1%；出口贸易能源消耗 6.56 亿 t 标煤，占能源消耗总量 29%；二氧化碳转移排放 14.6 亿 t，占能源排放二氧化碳总量的 29%；进口贸易对国内 GDP 拉动为 27826 亿元，占当年 GDP15.1%；进口贸易节约能源消耗 3.59 亿 t 标煤，占能源消耗总量 16%；减少二氧化碳排放 7.96 亿 t，占能源排放二氧化碳总量的 16%。总的来说，2005 年因进出口贸易的能源节约量逆差 2.97 亿 t 标煤，二氧化碳排放 6.64 亿 t，占能源总量 13%。因此，调整出口贸易结构，减少高耗能产品出口比重，也是我国碳减排的主要途径之一。2008 年 7 月《能源政策》(*Energy Policy*)杂志发表中国出口对气候变化的贡献(*The Contribution of Chinese Exports to Climate Change*)一文，指出中国生产出口产品二氧化碳排放的量占中国二氧化碳排放总量的 1/3，占全球排放总量的 6%，相当于德国、法国和英国的排放总量。文章同时指出：中国也是原材料以及最终产品和服务的进口大国，每年中国通过进口避免二氧化碳排放的量都超过了生产出口产品二氧化碳排放量[17]。

第三节　气候变化与旅游

一、气候变暖与旅游资源

由于气候变暖，极地冰盖逐渐消融，海平面上升已成为全人类所普遍关注的事实。据 2001 年 IPCC 发布的评估报告：在 1990 ~ 2100 年的 110 年间全球海平面平均上升幅度将介于 9 ~ 88 cm 之间，全球气候变暖必将影响到旅游资源的数量和质量。沙滩、海岛、珊瑚礁等是对游客具有极大吸引力的旅游资源，然而面对全球变暖、海平面升高的威胁，许多优良的海滩和美丽的岛屿将会被海水所覆盖；海岸带被侵蚀，使海岸带的基础设施遭受毁坏，旅游资源及其环境恶化[18]。苏珊娜(Susanne)在研究旅游者对斐济岛的印象时，就提到由于气候变暖导致的海平面升高对斐济岛旅游的负面影响，显示了岛屿旅游资源在全球气候变化背景下的脆弱性[19]。莫修与帕克(Meheux & Parker)也从旅游的角度去审视瓦努阿图等小岛国在全球气候变化下的发展，认为气候变暖、海平面上升给岛屿旅游地带来极大的威胁[20]。

气候变化导致海水变暖，而海温的升高加速了海水中的二氧化碳变成碳酸的化学过程，造成海水酸度增加，这将减缓石灰化—珊瑚礁形成的速度，同时当海水变热时，珊瑚会释放出体内的海藻，这将导致珊瑚虫大量死亡，致使珊瑚礁退化，并将影响到堡礁的发育及物种的组成，作为热带潜水观光吸引物将不复存在。

全球气候变暖也必将导致高山雪线的上升。专家们经过测算认为高山地区气温每上升 1℃，雪线要收缩 150m，同时影响到天气系统的变化，导致降水量的变化。北半球山脉冰川在 20 世纪期间明显退缩，北极的冰雪厚度在过去的 40 年间已经丧失了近 40%。而雪山作为重要的旅游资源要素的退化，致使区域性旅游资源的质量下降，吸引力下降，影响此类旅游地的旅游经济收入。开展滑雪项目的山地，如阿尔卑斯地区、加拿大、美国中部等地，滑雪营业时间和范围都要相应缩短[21]。

二、气候变化与旅游目的地

加拉查(Gallarza)等对国外旅游目的地形象研究的文献进行了广泛的整理和分析，发现在25个有关旅游目的地形象研究的文献中，有12个研究文献将气候因素包含在内。对旅游目的地形象产生影响及贡献的20个因素中，气候因素的贡献排在第七位。由此看来气候因子是构成旅游目的地旅游资源非常关键的因素。而全球气候的变化通过改变区域气候环境，从而影响旅游者对旅游目的地的体验，最终改变旅游地市场状况[22]。胡戈(Huhae)等对英国最受欢迎的旅游目的地当前的气候和旅游市场发展状况进行了分析，并对区域气候变化对这些目的地旅游需求的影响进行了研究。结果显示，对于休养、疗养度假型旅游地而言，气候因素起着决定性作用[23]。当该类型的旅游地气候发生不利变化时或导致其他替代产品产生时，就会引发旅游目的地的转移。如随着气候变暖，北欧的夏季将变得更加迷人，地中海的度假环境将恶化，从而使北欧前往地中海度假的游客减少，而偏向于在北欧本地进行区内游。

三、气候变化与旅游市场

全球气候变暖会引发一些旅游目的地的转移，意味着替代旅游地将会吸引一部分原旅游地的客流。致使原旅游地客源被分流，引发原旅游地客源市场的萎缩。如加勒比海是美国、加拿大的旅游者冬季休闲度假的目的地，然而随着气候变暖，美国部分沿海地区的气候及旅游资源可能将会形成与加勒比海地区相媲美的趋势。在就近原则的趋势下，致使原本选择前往加勒比海的美国和加拿大游人改变决策，而以美国相对较低纬度的海滨为目的地。在这种情况下，加勒比海的客源市场就会被分流以致萎缩。从旅游产业经济效益的角度看，全球气候变化对旅游客流的影响，体现在全球气候变化导致的客流的减少，从而影响旅游收入的增加。国际旅行研究(Travel Research International)则证实了这一研究：如果不考虑气候变化带来的影响，在地中海和加勒比海两地各自的支出将分别达到3000亿美元和350亿美元；如果考虑气候变化而带来的经济损失，地中海游客数量将下降1.11亿~1.98亿人，旅游支出介于640亿~1100亿美元；加勒比海地区的游客到2050年有望达到800万~1300万人，支出80亿~110亿美元[21]。

四、气候变化与游客决策

影响旅游淡旺季的因素很多，但从旅游地角度出发，气候的舒适度是为旅游者所关注的。旅游者选择到目的地旅游时，一般会考虑在该地气候条件与旅游资源配合最好的时间出游。如到青岛、大连海滨度假的游客一般会选择夏季；相反，春、冬季节是当地的旅游淡季。但由于温室效应的加强致使一些旅游地原本适合进行旅游活动的季节变得不太适应，而原来的旅游淡季相反会有部分时段变得适合进行旅游活动。青岛、大连两地原本以夏季为旅游旺季的状态可能会被分割成春、秋季两个小高峰期，气候变化可能会促成两地旅游淡旺季的时间位移[24]。

第四节　低碳经济

一、低碳经济的源起

“低碳经济”的概念，基本上可以认为是在气候变化国际制度框架(包括《联合国气候变化框架公约》和《京都议定书》，特别是《京都议定书》遭受空前挫折的形势下由英国率先提出的。2003 年 2 月 24 日时任英国首相的布莱尔发表了题为《我们未来的能源——创建低碳经济》的白皮书，其总体目标是2050 年将二氧化碳的排放量在1990 年的基础上削减60%，从根本上将英国变成一个低碳经济国家。从白皮书可以看出，英国的低碳经济是通过政府引导、商业激励的方式，鼓励市场运用最新的低碳技术，为工业和投资者提供一个明确而稳定的政策框架，促进整个经济结构的转变。其目的是为了打破国际气候谈判中的僵局，着眼于国际气候制度建设。英国希望以此建立起发达国家和发展中国家相互理解的桥梁。可喜的是，向低碳经济转型已经成为世界经济发展的大趋势。法国、日本和加拿大等国已经采取相应的政策措施。美国虽然没有明确表示接受或者反对低碳经济的概念，但却一直主张通过技术途径解决气候变化问题，这与低碳经济的内涵是相一致的。

二、低碳经济的内涵

“低碳经济”由英国率先提出，目的是在发达国家和发展中国家建立相互理解的桥梁，其本质是提高能源效率和清洁能源结构问题，核心是能源技术创新和政策创新。英国虽然率先提出了低碳经济的概念，并明确了自身实现低碳经济的目标和时间表，但并没有对低碳经济的概念加以界定，也没有给出可以在国际上进行比较的指标体系。一般而言，对低碳的理解可以分为三种情形：第一种情形是温室气体排放的增长速度小于国内生产总值(GDP)的增长速度；第二种情形是零排放；第三种情形是绝对排放量的减少。实现以上三种情形低碳发展的前提条件是经济正增长(GDP 增长率大于零)。对于英国等发达国家来说，追求的目标应该是绝对的低碳经济；对于发展中国家而言，目标应该是相对的低碳发展。中国社会科学院潘家华研究员指出，低碳经济，重点在低碳，目的在发展，是要寻求全球水平、长时间尺度的可持续发展[25]。各国有多种方式实现发展，而每种发展方式的碳排放情景往往存在差别。在给定大气中温室气体浓度的情况下，发展的路径、速度和规模会受到一定的约束。通俗地讲，低碳经济就是为了实现公约的最终目标——“把大气中温室气体浓度稳定在防止气候系统受到威胁的人为干扰的水平上”，在保持经济增长的同时，减少温室气体排放。政府采取低碳经济政策的终极目标就是切断经济增长与温室气体排放之间的联系。

三、低碳经济研究进展

国内外专家学者对低碳经济的研究，主要集中在 3 个方面：发展低碳经济的必要性论证与实现方式初探、经济增长与温室气体排放的脱钩研究、温室气体排放与经济增长关系的实证研究。

英国率先提出低碳经济的概念并在国内开始实践。2006 年 10 月 30 日，英国发布了由前世界银行首席经济学家尼古拉斯·斯特恩牵头完成的《气候变化的经济学》(以下简称《斯特恩报告》)，对全球变暖可能造成的经济影响作出了具有里程碑意义的评估[26]。总体来看，《斯特恩报告》以气候科学为基础，用“成本——效益分析”方法对欧盟提出的全球 2℃ 升温上限[27]加以论证(进行学术和方法论阐释)，呼吁各国迅速采取切实可行的行动，尽早向低碳经济转型。报告认为，实现温室气体浓度稳定是一个棘手和复杂的过程，“很难达到温室气体减排速度高于每年 1% 的目标，除非发生经济萧条的情况。即使有些国家采取了显著的减排措施，温室气体的排放也会高于同期的水平。”在全球范围内，“如果没有政策的干预，收入增长和人均排量的长期正比关系将持续下去。打破这种联系需要人们在选择上发生巨大转变，对碳密集型商品和服务定价，或者在科技发展上有重大突破”。只有采取“适当的政策”，才可以改变这种联系。否则，“仅靠生产效率并不能消除收入增长所带来的影响”。在全球范围内，几乎看不到人们在变富后渴望减排而导致的大量主动减排。

《斯特恩报告》的核心观点主要有 3 个：①如果各国政府在未来十年内

不采取有效行动遏制温室效应，那么气候变化的总代价和风险相当于每年至少失去全球 GDP 的 5%～20%。相比之下，采取行动的代价可以被控制在每年全球 GDP 的 1% 左右；②在 2050 年以前，要是大气中的温室气体浓度控制在 550mg/L 以下，全球温室气体排放必须在今后 10～20 年达到峰值，然后以每年 1%～3% 的速率下降；③到 2050 年，全球排放必须比现在的水平低大约 25%。即发达国家在 2050 年前把绝对排放量减少 60%～80%，发展中国家在 2050 年的排放与 1990 年相比，增长幅度不应超过 25%。

在脱钩研究方面，斯图鲁松（Sturluson）认为脱钩指标虽然有很多缺点，诸如缺乏与环境容量的自动联系，难以兼顾各国国情以及受环境压力的最初水平和使其选择的影响等，但脱钩仍然是非常重要的[28]。经济合作与发展组织（OECD）研究了环境压力与经济增长脱钩指标的国家差别，发现环境与经济脱钩的现象普遍存在于经济合作与发展组织（OECD）国家中并且环境与经济的进一步脱钩是有可能的，从而得出结论：在经济合作与发展组织（OECD）国家，环境与经济的冲突，已经得到有效的控制，并在继续向好的方面转化。可以预计，在不遥远的将来，环境与经济的冲突，可以得到满意的解决方案[29]。Tapi 利用"脱钩弹性"（decoupling elasticity）的概念，进一步将脱钩指标由原有的初级脱钩（经济增长与资源利用即能源与 GDP 的脱钩）、次级脱钩（自然资源与环境污染即二氧化碳与能源的脱钩）和双重脱钩（同时达到初级脱钩和次级脱钩）的基础上进一步细分为连接（coupling）、脱钩和负脱钩 3 种状态，再依据不同弹性值，进一步细分为弱脱钩、强脱钩、弱负脱钩、扩张负脱钩、扩张连接、衰退脱钩与衰退连接等七大类，使得脱钩指标进入新阶段[30]。该指标的优点在于对环境压力指标与经济驱动力指标的各种可能组合给出了合理的定位。

除此之外，国外许多学者都对本国及世界温室气体排放与经济发展的环境库兹涅茨曲线进行了检验。帕纳尤（Panayotou）认同格鲁斯曼等人对部分环境污染物（如颗粒物、二氧化硫等）排放总量与经济增长长期关系呈倒"U"型关系的论断，并从人们对环境服务的消费倾向角度解释了原因：随着国民收入的提高，产业结构发生了变化，人们的消费结构也随之产生了变化[31]。此时，人们开始关注环境的保护问题，环境服务成为正常品，环境恶化的现象逐步减缓乃至消失。恩卡汉姆（Ankarhem）考察了瑞典的情况，指出 1918～1994 年间，二氧化碳、二氧化硫（SO_2）和挥发性有机物（VOC）的排放状况也呈环境库兹涅茨曲线分布[32]。而弗雷德（Friedl）等认为，1960～1999 年间奥地利的二氧化碳排放状况与经济增长呈"N"型而非倒"U"型关系[33]。格鲁普（Grubb）等认为，在工业化初期，随着人均收入的增加，人均二氧化碳排放量仍较高，但是跨越这一阶段以后，人均二氧化碳排放量将在不同的水平上趋于饱和[34]。

低碳经济方兴未艾。自2003年5月其概念提出，到目前为止也只有7年左右的时间，所以国内学者对这一领域的研究开展还很少。为数不多的文献主要涉及国外发展低碳经济的经验、中国发展低碳经济的途径与潜力、机遇与挑战、低碳经济发展的社会经济与技术分析。

国外发展低碳经济的经验。赵娜、何瑞、王伟全面介绍了英国在发展低碳经济方面的举措与成就，并提出了对英国低碳经济发展的担忧，最后展望了英国低碳经济发展的未来[35]；姚良军、孙成永系统介绍了意大利发展低碳经济的政策措施[36]；胡涂洋介绍了发达国家近几年的低碳经济发展历程，分析了他们对中国低碳经济发展的启示[37]。

中国发展低碳经济的途径与潜力、机遇与挑战。李俊峰、马玲娟介绍了丹麦向低碳经济转型的进程，并在宏观层次上对我国的低碳经济发展提出了建议[38]。胡鞍钢对中国低碳经济发展模式进行了深度思考，并就中国减少碳排放的目标和措施以及如何开展国际合作问题进行了有益探索[39]。孙佑海等从完善法律制度的角度对低碳经济发展的现实路径进行了研究[40]。庄贵阳对中国发展低碳经济所面临的机遇和挑战进行了分析，并对主要温室气体排放国的脱钩特征进行了实证分析[41]。王春峰对低碳经济下的林业选择进行了研究，提出了具有操作性的林业政策[42]。姬振海针对国际社会广泛关注的气候变化和碳减排问题，介绍了低碳经济、清洁发展机制以及实现低碳经济的基本途径，量化了河北省碳减排潜力，分析了河北省电力、钢铁两大行业的碳减排途径，最后从项目技术开发因素和项目外部环境因素两方面提出了河北省发展低碳经济和清洁发展机制的对策[43]。付允、汪云林、李丁以低碳城市为主要研究对象，重点阐述低碳城市的理论内涵，简要介绍了国内外典型低碳城市的发展现状，最后提出基底低碳（能源发展低碳化）、结构低碳（经济发展低碳化）、方式低碳（社会发展低碳化）和支撑低碳（技术发展低碳化）的低碳城市概念[44]。

低碳经济发展的社会经济与技术分析。张雷用多元化指数方法分析了经济发展对碳排放的影响，认为经济结构的多元化和能源消费结构的多元化会导致国家从以高碳燃料为主转向以低碳为主[45]。赵云君等通过选择多个单一国家的不同样本，发现有些指标的实证结果相互矛盾，从而提出了“环境库兹涅茨曲线只是一个客观现象，而不是一个客观规律”的论断[46]。赵一平等根据“脱钩”和“复钩”的思想，提出我国经济发展与能源消费相对“脱钩”与“复钩”的概念模型，并对我国经济发展与能源消费的响应关系进行实证研究，对我国能源弱“脱钩”现象背后存在的深层次问题及主要矛盾进行识别与分析，脱钩指标研究初步显示出其重要价值[47]。王中英等通过相关分析探讨了中国GDP增长与碳排放的关系，结果表明，二者有明显的相关性[48]。吴瑞林认为，经济学对环境库兹涅茨曲线的应用多限于实质研究，没有理由证明它可以演绎为具有全球普遍适用的必然规律[49]。《中国现代化报告(2007)》根据1960 ~2002年各国人均二氧化碳(CO_2)排放量的变化趋势，认为部分国家符合环境库兹涅茨曲线，部分国家不符合环境库兹涅茨曲线[50]。杜婷婷等对中国二氧化碳排放量与人均收入增长的关系进行时间序列分析，认为二者之间呈现，“N”型而非倒“U”型的演化特征[51]。付允、马永欢、刘怡君等从温室气体减排压力、能源安全和资源环境等3个方面分析了中国发展低碳经济的紧迫性。在对国内外低碳经济理论和实践综述的基础上，从宏观、中观和微观3个层次论证了低碳经济的发展方向、发展方式和发展方法，即以低碳发展为发展方向，以节能减排为发展方式，以碳中和技术为发展方法，最后提出了我国实施低碳经济发展模式的政策措施：①节能优先，提高能源利用效率；②化石能源低碳化，大力发展可再生能源；③设立碳基金，激励低碳技术的研究和开发；④确立国家碳交易机制[52]。张愉、陈徐梅、张跃军等围绕当今世界发展低碳经济的大环境，发展低碳经济的必要性和重要性，发展低碳经济的瓶颈等问题，分析指出向低碳经济转型已经成为世界经济发展的大趋势；化石能源消费将持续增长；温室气体减排形势严峻；发展低碳经济刻不容缓，而技术进步是发展低碳经济的关键，但技术瓶颈问题还将继续存在[53]。任卫峰从环境金融的角度，总结了国内外研究与实践经验，探讨了环境金融创新的各种途径，并针对我国实际存在的问题提出了一些建议[54]。谭丹、黄贤金、胡初枝测算了我国工业各行业近十几年来的碳排放量，并总结了我国工业行业碳排放的特征，进而运用灰色关联度方法分析了我国工业行业碳排放量与产业发展之间的关系。研究结果表明：产业产值与碳排放之间存在着密切联系。通过测算工业各行业单位GDP碳排放量的变化，分析了工业行业产业结构与碳排放的关系[55]。

第五节　碳足迹

一、碳足迹的源起

“碳足迹”来源于一个英语单词“Carbon Footprint”，这个词首先在英国流行，它表征着一个人或者一个团体的“碳耗用量”。确切地说，这里的“碳”

指的是木材、石油、煤炭、天然气等自然资源中所含有的碳元素。显然，一个人对上述资源的消耗量越大，“碳耗用量”越大，碳足迹就越大；另一方面，碳耗用量越大，产生的二氧化碳就越多，对温室效应的贡献就越大。碳足迹可以分为两类：一类叫做第一碳足迹，即生产生活中直接使用化石能源，如开车、发电等排放的二氧化碳的消耗量；还有一类叫做第二碳足迹，指的是不直接排放而是消费者使用各类商品时因制造、运输等过程产生的隐藏在商品中的二氧化碳的消耗量[56]。

2007 年 6 月，英国政府的环境、食品与农村事务部分别在网站上发布了针对个人或家庭的二氧化碳排放量计算器，使得公众在上网时可随时计算自己每天生活中排放的二氧化碳量。随后，美国、爱尔兰、中国的一些网站也纷纷出现了碳足迹计算器，这些网站同时给出了如何减小碳足迹的对应排放量的碳抵消(carbon offsets)途径。

2008 年底，英国标准协会、节碳基金和英国环境、食品与农村事务部联合发布了新标准 PAS 2050《产品与服务生命周期：温室气体排放评估规范》。该标准用于计算产品和服务在整个生命周期内(从原材料的获取，到生产、分销、使用和废弃后的处理)温室气体排放量。PAS 2050 的宗旨是帮助企业真正了解他们的产品对气候变化的影响，寻找在产品设计、生产和供应等过程中降低温室气体排放的机会，最终开发出更小碳足迹的新产品，从而在应对气候变化方面发挥更大的作用[57]。另外，也使“碳足迹”为世界各国民众更为广泛地接受。

二、碳足迹的内涵

“碳足迹”作为一个新词汇出现在研究报告、研究论文及其他媒体上的频率仍然不高，国外研究组织与学术界对碳足迹定义的理解尚未达成一致，而国内则侧重于碳足迹一般性知识的解释与传播。关于碳足迹，主要如下定义：

英国石油公司(BP)认为，碳足迹是人们日常活动(如，从衣服清洗到开车送小孩上学)中二氧化碳的排放量[58]。

佩特列(Patel)认为，碳足迹是从物品生产、汽车运输、商务旅行到废物掩埋中所产生的当量二氧化碳排放总量[59]。

碳信托基金(Carbon Trust)指出，碳足迹是一种产品在其生命周期内，从原材料生产到制造到成品分发过程中(不包括使用过程中的)碳当量物总的温室气体排放量的估量值；一种确定和测定在供应链过程中某一活动和对某一产品而言与温室气体排放相关的框架内单一温室气体排放量的技术[60]。

恩捷缇克斯(Energetics)认为，碳足迹是由商业活动所产生的直接和间接的二氧化碳的排放量[61]。

突尼斯国家石油公司(ETAP)认为，碳足迹是根据所产生温室气体的排放量来测算人类活动对环境产生影响的方式[62]。

全球足迹网(Global Footprint Network)(编撰《国家足迹账户》(*National Footprint Accounts*)的组织)认为，碳足迹是封存化石燃料燃烧中所排放的二氧化碳的生物能力需求物。另外，该组织也认为，碳足迹是生态足迹的一部分，碳足迹也可以被认为是化石燃料足迹或二氧化碳区域或土地的需求量[63]。

格鲁伯和艾利斯(Grub & Ellis)认为，碳足迹是一个化石燃料燃烧过程中所排放的二氧化碳量的估算值。对于商业企业而言，由于企业日常经营的结果，碳足迹或是直接排放的二氧化碳量，或是间接排放的二氧化碳量[64]。

英国议会科学与技术办公室[Parliamentary Office of Science and Technology (POST)]认为，碳足迹是一种过程或产品在整个生命周期中所排放的总的二氧化碳和其他温室气体总量[65]。

综上所述，可知碳足迹作为一个“潮流词汇”，各个组织机构与研究者对其的认识存在一定的差异，但是获得广泛认同的是，碳足迹作为一个人类活动所排放的GHG或CO_2的估算值是没有异议的。

三、碳足迹研究进展

(一)碳足迹细分研究

图克和杰森(Tukker & Jansen)认为，碳足迹由两部分组成：一是在燃烧的化石燃料所直接排放的二氧化碳量，包括国内能源消耗与交通(如汽车、飞机)，称为直接或第一碳足迹；二是产品和服务在整个生命周期中所间接排放的二氧化碳量，包括产品和服务制造以及最终消失的相关过程，称为间接或第二碳足迹[66]。麦修、韦伯和汉斯瑞克森(Matthews, Weber & Hensrickson)认为，现有的一般条约与协议将碳足迹分为三层，第一层为组织自身直接的碳排放(例如，工厂和汽车的碳排放)，第二层为组织所使用的能源产生的碳排放，第三层为包括其他间接活动所产生的碳排放。在此基础上，从产品生命周期评估理论出发，将碳足迹构成进行了调整，认为其第一层为组织或单位的直接碳排放，主要是指天然气和化石燃料燃烧所产生的碳排放，第二层为组织或单位购买电力和蒸气所产生的碳排放，第三层为整个供应链其他环境所产生的碳排放[67]。

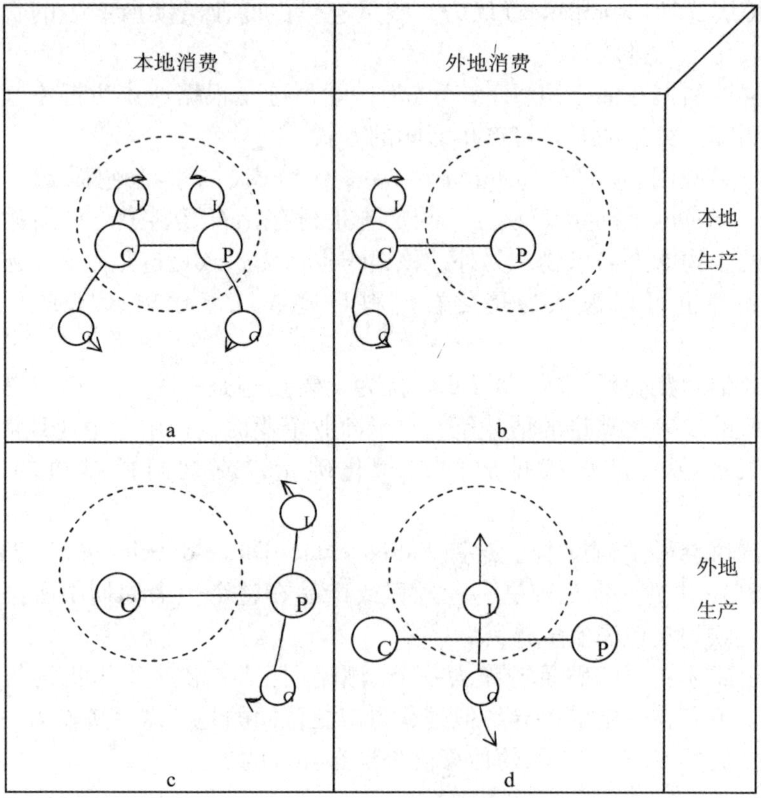

图 1-1　碳足迹四种模式图

图例：P 表示生产；C 表示消费；L 表示本地排放；G 表示全球排放

a. 直接模式；b. 负责任模式；c. 深层模式；d. 物流模式

勒贝尔等(Lebel *et al*)认为目前城市区域碳足迹有 4 种模型：直接模式(direct)，负责任模式(responsible)，深层模式(deemed)和物流模式(logistic)。直接排放模式是指产品和(或)服务的生产与消费均在同一城市区域。负责任排放模式是指在城市区域生产，但是在其他区域消费。深层模式则与负责任模式相反，是指产品和(或)服务被输入城市区域，但实际的碳排放在城市外围，例如城市外采掘的煤炭运入城市内，燃烧所产生的碳排放为负责任排放模式，而其上游活动则被认为是深层排放模式。物流模式是指产品与服务不在城市区域使用，仅经过城市，例如城市邮政设施运输的货物，火车或汽车运输到其他市场而路过城市的货物等[68]。

（二）碳足迹研究方法

目前，碳足迹的研究方法主要有两种：第一种是生命周期评估（LCA）法，这种方法主要是针对以产品为导向的碳足迹评价研究；第二种是投入产出分析（Input-Output Analysis，IOA）是近年来经常被用来计算隐含能和隐含碳排放的一种方法。它是在20世纪30年代由列昂惕夫（Leontief）提出，主要是通过经济统计资料编制投入产出表，并利用线性代数等数学方法建立相应的数学模型，来反映经济系统各个部门（产业间）的关系，投入—产出分析法主要是针对区域性空间或系统为研究对象[69]。

埃里克和霍顿（Ehrlich & Holden）于1971年首次提出建立“IPAT”模型来反映人口对环境压力的影响，该方程将环境影响和人口规模、人均财富以及对环境毁坏的技术水平联系起来，建立四者之间的方程式“I = PAT”。该模型是一个被广泛认可的分析人口对环境影响的公式，现在仍被应用于分析环境变化的决定因素。但是，“IPAT”模型存在一些局限性，即通过改变一个因素，而保持其他因素固定不变来分析问题，这样得到的结果就是对因变量的等比例影响。为了克服IPAT模型的不足，一些学者通过建立随机模型来分析人口对环境的非比例变化影响。约克York等在IPAT模型的基础上，建立了STIRPAT（stochastic impacts by regression on population，affluence，and technology）模型[70]。

（三）区域碳足迹研究

舒尔茨（Schulz）认为，像城市之类的规模小且开放型的经济系统，在温室气体排放统计上面临着特殊的困难。它们一般进口的能源需求当中，绝大部分是第二类能源产品，因此，温室气体排放量的估算不仅仅是本地直接经济活动所产生的温室气体量，应该包括与该经济系统联系的上下游过程、进口和出口物品相关的间接的生命周期过程中的排放量。通过以新加坡为研究对象发现，在进口货物中，本地直接的温室气体排放量仅占货物上游产生排放的20%；贸易中直接与间接的温室气体排放量超过直接的排放量约40%。因此，在世界贸易量和城市化日益扩大的今天，为了有效和公平公正地讨论产品和服务碳足迹，城市系统的间接碳足迹应该也需要包括进来[71]。

布朗、索斯沃斯和萨金斯基（Brown，Southworth & Sarzynski）从地理学角度分析美国主要大城市的碳足迹分布规律，得出大城市区与非城市区域相比，能源与碳利用效率更高；城市区域之间单位GDP的碳排放差异巨大；城市发展模式和道路运输对碳排放贡献很大；其他因素，如天气、发电燃料所使用的燃料、电力价格对碳排放也有重要影响；尽管城市区域碳排放差异的主要原因能够解释，可是其对当地政府与政策产生的影响难以发现[72]。

（四）贸易与碳足迹研究

隐含碳排放指的是为得到某种产品，而在产品整个生产链中所排放的二氧化碳，包括生产过程中的直接和间接的二氧化碳排放[73]。由于国际贸易的存在，一个国家可以通过进口能源密集型或者碳排放密集型产品，以人为达到本国的碳减排目的，但是由于其他国家相关产品的供应量增加，可能导致全球碳排放量的增长，产生“碳泄漏”(Carbon Leakage)问题[74~76]，从而使得国际碳排放控制的努力无效。因此，不少学者开始从最终消费的角度，考虑最终使用产品中的隐含碳排放问题，从而对各国实际消费的碳排放权以及通过国际贸易产生的碳排放转移问题有更清晰的认识，同时有利于对各国的碳减排责任进行重新考查。

在国际层面上，考虑贸易中直接和间接的碳排放已日益受到关注，主要是从国家家庭层面消耗的角度来计算碳排放，如澳大利亚、荷兰、瑞士、西班牙、瑞典、英国以及整个欧盟。除了针对高收入水平国家外，也对其他低收入水平国家进行了讨论。另外，目前贸易伙伴之间贸易所隐含的碳排放也成为研究的焦点，如中国与英国、中国与美国。有学者提出，如果不从投入产出或产品生命周期出发，按照目前的计算方式可能会产生“碳漏损”(Carbon Leaking)。例如，美国从1997~2004年期间，基于生产的二氧化碳排放量是逐步减少的，可是基于消费的二氧化碳排放量是显著增加的。

薛华和莎(Schaeffer & Sa′)研究了巴西1972~1992年间进出口中的隐含碳流，指出发达国家通过国内消费产品的离岸制造和生产，将二氧化碳排放转移到发展中国家[77]。

阿玛德和怀科夫(Ahmad & Wyckoff)对65个国家由化石燃料燃烧产生的二氧化碳排放数据进行了分析，指出1995年，为了满足OECD国家国内消费需求所产生的二氧化碳排放比与产出相关的排放高出5%，这些过度的排放可以归因于几个主要的隐含碳进口国，主要是美国、日本、德国、法国和意大利，而这显然不利于全球碳减排的目标[78]。

隋和汉瑞斯(Shui & Harriss)研究了中美贸易中的隐含碳，研究结果揭示了1997~2003年，中国出口到美国的贸易品中隐含碳排放的增长率高于中国每年碳排放的增长率。而中国目前二氧化碳排放量中的7%~14%是由于向美国出口导致的。如果美国从中国进口的物品是由其国内生产，那么美国的二氧化碳排放将会增加3%~6%。作者指出，中美贸易有利于美国减少能量消耗，但是由于中国工业部门中煤炭的大量使用和低效率的制造技术，中美两国贸易增加了全球的二氧化碳排放。显然，关于隐含碳的大量研究揭示了各国的碳平衡过程[79]。

韦伯和马修(Weber & Matthews)以1997～2004年美国国际贸易中内涵环境排放为研究对象，通过使用多国家投入产出模型分析了美国与其最大的七大贸易伙伴(加拿大、中国、墨西哥、日本、德国、英国和韩国)之间的内涵环境排放，研究得出在贸易中美国内涵环境排放量(embodied emissions in trade，EET)(CO_2，SO_2和NO_X)随着进口货物量的增加与贸易运输模式的变化有显著增加；但是由于研究计算方法的不确定性，特别是由于外币兑换的不确定性，会导致贸易中内涵环境排放(EET)有几大的偏差。从1997～2004年期间，美国进口而产生的二氧化碳排放量从1997年的0.5～0.8Gt增加至2004年的0.8～1.8Gt，其占美国总二氧化碳排放量由9%～14%增加至13%～30%，占全球二氧化碳排放量由2%～4%增加至3%～7%[80]。

每一个国家都生产其具备制造优势的产品和服务，这样就潜在导致高价值产品(电子产品，个人服务)在发达国家生产，而低价值或高污染产品则由发展中国家来生产。这个是目前贸易内涵环境排放的研究基础，它可能会导致《京都议定书》规定性控制之外的“碳漏损”。

赫尔曼和豪斯希尔德(Herrmann & Hauschild)从工业化国家向新兴工业化经济体进行的产品外包研究中发现，即使不考虑产品运输相关交通工具的二氧化碳排放量，欧洲与中国产品生产体系之间的差异可能导致贸易产品碳足迹的巨大增加，如欧洲强调的是机器产生，而中国的生产是劳动密集型产生。另外，对于产品生产国家或地区而言，其生产如果在其他国家或地区消耗的产品不应该纳入该国家或地区的二氧化碳排放量计算中，这样对于这些国家或地区加入全球温室气体减排协议中将更为合理。另外，生产的运输过程，也能够增加二氧化碳排放量，运输过程中所产生的二氧化碳排放量也应算入产品二氧化碳排放量中[81]。

陈红敏利用投入产出方法对计算隐含碳排放的框架进行了扩展，同时计算各部门由能源消耗导致的隐含碳排放和由某些工业生产过程导致的隐含碳排放，研究发现建筑业是隐含碳排放最高的部门，而非金属矿物制品业的生产过程隐含碳排放占部门总隐含碳排放的比重最高。另外也发现，部门分类水平的粗细对于各部门生产过程隐含碳排放的核算结果具有较大的影响，除了建筑业之外，其他部门在较粗分类下核算的生产过程隐含碳排放偏高。而比较不同部门的隐含碳比重和增加值比重发现，建筑业耗用了大量的碳排放而产生的增加值较低，而其他社会服务业则相反。从最终消费来说，服务业是主要的隐含碳排放部门，但是服务业的增加值比重远高于其隐含碳排放比重。因此，服务业的发展有助于在提升经济发展水平的同时减少二氧化碳排放，需要大力发展[82]。

很明显的是，任何一个复杂的产品，其供应链中都会涉及到众多不同的单位或组织参与其中，基于公平的原则，那它们对涉及产品原材料、基本化学药品以及最终成为最后消费者产品中有包含的其他低附加值产品等所产生的环境排放都应该互担[83]。

"公平"的通常意义即平等合理及无偏向。在大量现有文献总结的基础上，从国际公平的视角将各种公平原则划分为以下 3 类[84]（表 1-1）。

隐含碳排放主要是从最终消费出发来测算各部门的二氧化碳（CO_2）的排放，对于消费驱动的能源消耗和二氧化碳（CO_2）排放的控制具有较好的指导意义，对于从消费角度控制排放具有较好的引导意义。

表 1-1 不同的公平原则及其温室气体排放空间分配规则

分类	公平原则	基本定义	一般操作规则	排放空间分配规则
基于分配的准则	主权原则	所有国家具有平等的污染权和不受污染的权利	所有国家按同比例减排，维持现有相对排放水平不变	按排放相对份额分配排放空间
	平等权利	所有人具有平等的污染权利和不受污染的权利	减排量与人口成反比	按人口相对份额排放空间
	支付能力	各国根据实际能力承担经济责任	所有国家总减排成本占 GDP 比例相等	排放空间分配应使所有国家的总减排成本占 GDP 比例相等
基于结果的准则	水平公正	平等对待所有国家	所有国家净福利变化占 GDP 比例相等	排放空间分配应使所有国家的总减排成本占 GDP 比例相等
	垂直公正	更多关注处于不利状况的国家	净收益与人均 GDP 负相关	累进分配排放空间使净收益与人均 GDP 负相关
	补偿原则	根据 Pareto 最优原则任何一方的改善不能造成其他方的损失	对有净福利损失的国家进行补偿	排放空间分配不应使任何国家遭受净福利损失
	环境公平	生态系统的基础地位和权利优先	减排应使环境价值最大化	排放空间分配应使环境价值最大化

（续）

分类	公平原则	基本定义	一般操作规则	排放空间分配规则
基于过程的准则	问尔斯最大最小	处于最不利地位国家的福利最大化	最贫穷国家的净收益最大化	为最贫穷国家分配较多份额使其净收益最大化
	一致同意	国家谈判过程是公平的	寻求大多数国家接受的政治方案	排放空间的分配应满足大多数国家的要求
	市场正义	市场是公平的	更好地利用市场	以拍卖方式将排放空间分配给出价最高者

（五）家庭与碳足迹研究

韦伯和马修（Weber & Matthews）指出，家庭能源消耗与其环境影响成为可持续研究中最为重要的课题之一，然而原有的研究侧重于国内家庭的评价消耗，忽略了国际贸易、家庭收入水平与人口学特征的差异对家庭碳足迹的影响研究。以美国家庭为例，分析得出美国家庭在 2004 年的二氧化碳排放量 30% 出现在美国国外，而且得出家庭对其二氧化碳排放责任担当上有巨大差异，家庭收入与花费是最好的家庭二氧化碳指示物。另外，也建议根据家庭收入的不同在一定标准上征收碳税（carbon tax）[85]。

德鲁克曼和杰克松（Druckman & Jackson）基于多区域投入产出模型，分析得出英国 2004 年家庭二氧化碳排放量比 1990 年高出 15%，在 20 世纪 90 年代初期由于英国家庭能源由煤炭向天然气转变，家庭能源消耗与二氧化碳排放出现了脱钩现象。另外，进一步分析英国社会各个层次结构的差异，发现最高的二氧化碳排放家庭比最低的二氧化碳（CO_2）排放家庭多排放 64% 的二氧化碳量。在 2004 年，游憩与休闲活动所产生的二氧化碳量占家庭二氧化碳排放量超过 1/4[86]。

在对于家庭户数的分析中，研究发现家庭户数与家庭规模均对碳排放有显著的影响作用。近 30 年来，中国人口总量增长减慢，但它对抑制碳排放量增长的积极作用由于家庭规模的进一步缩小而被抵消。在分析人口因素对环境压力的影响上，过多地关注人口总量对环境的压力和影响，会形成一定程度的政策误导。因此，在研究人口、资源与环境的关系时，家庭户数因素应当获得更多的重视与关注[87]。

（六）碳足迹模型评价研究

碳足迹模型已经被广泛地用来管理个人或家庭二氧化碳（CO_2）的排放

量，肯尼和格瑞(Kenny & Gray)以爱尔兰三口之家为研究对象，比较了爱尔兰使用较为广泛的 Carbon Footprint，Resurgence，Carbon Fund，Safe Climate，Grian，Combat Climate 等 6 个碳足迹计算模型的差异，发现这些碳足迹模型所提供的信息不一致，且经常互相矛盾[88]。另外，由于大量非规则因素的影响，模型之间存在的差异较大。与爱尔兰现有的变换因素相比较，修改的模型对三口之家的碳排放计算会高估或低估二氧化碳排放量 10% 左右。现有的模型没有考虑甲烷(CH_4)和二氧化氮(N_2O)等温室气体的排放，大约低估家庭二氧化碳排放量的 1.8% 左右。

帕吉特、史丹利蒙和克拉克等(Padgett.，Steinemann，Clarke，*et al.*)对美国国内的 American Forests，Be Green，Bonneville Environmental Foundation (BEF)，Carbon Counter. org，Chuck Wright，Clear Water，The Conversation Fund，EPA，Safe Climate，Terra Pass 等 10 个碳足迹计算器的相同性与差异性进行了比较，发现这些碳足迹计算器整体上缺乏一致性，特别是对家庭电力消耗所产生的二氧化碳排放的估计有显著差异[89]。另外，绝大多数的碳足迹计算器缺乏计算方法与估计值的相关信息，互相之间难以比较与认同。尽管碳足迹计算器能够向公众提供个体行为所产生的二氧化碳的排放，可是该文认为需要提供这些计算器之间的一致性与透明度。

(七)碳标章制度研究

在碳足迹标示和碳标章制度建设上，目前英国、日本、韩国、德国、泰国和美国等众多国家和地区正积极研究与制定相关政策指南以指导本国或地区产品的碳足迹量或可持续发展[90](表 1-2)。

表 1-2 世界主要国家碳标章制度总结

国家	主管机构	执行机构	规范	步骤	其他配合措施
日本	经济产业省	1. 碳足迹制度实用化既普及化推动研究会 2. 碳足迹国际标准化国内对应委员会 3. JEMAI/Mizuho 研究院及非传统性技术协会为秘书处	1. 日本碳足迹制度指引 2. 产品碳足迹 PCR 产生规范	1. 2008 年 6 月试行 2. 30 家厂商参与 3. 2008 年 12 月 Eco Product 展览会中展出	1. 参与国际标准制定 2. 盘查人员训练 3. 查核人员训练 4. LCI 数据库 5. 日本第三类环境宣传 6. 标志征选

（续）

国家	主管机构	执行机构	规范	步骤	其他配合措施
韩国	环境部	环保产品研究院	1. ISO14040，14064，14025 2. PAS2050 3. 韩国第三类环境宣传标准 4. 其他规范	1. 2008 年 7 月起试行 2. 选择 10 项产品设定最低减量目标 3. 排除农、渔及畜牧业，医药品及外销产品 4. 经济部要求 17 种产品强制标示碳排放	同上
泰国	泰国温室气体减量办公室	国家金属材料技术中心与大学的 LCA 专家提供技术支援	PAS2050； 2. ISO14040，14064，14025	1. 2009 年 3 月起试行 2. 26 家厂商参与	1. 标志征选 2. 盘查人员训练
英国	政府投资的 Carbon Trust 公司	Carbon Label 公司负责管理	1. 委托 BSI（英国标准局）开发出 PAS2050，于 2008 年 10 月公告 2. 产品 GHG 减量声明的良好作业规范	1. 2006 年推出碳足迹标示/碳减量标章 2. 20 家企业参与 3. DEFRA（环境粮食及乡村事务部）制定 10 类优先标示产品	1. 参与国家标准制定 2. 依据 PAS2050 开始试行验证计划
美国	企业界	1. Carbon Fund 的 Carbon Free 标章 2. Carbon Counted（NGO）的 Carbon Label System Timber Lan 公司 4. 饮料业环境圆桌会议（BIER）	依据自订的 CFP Protocol 进行 1. PAS2050 2. WRI-WBCSD 公告的温室气体议定书 发展旅游指标牌（Green Index Tag）以标示碳足迹。 PAS2050		

在英国，英国国家标准局（BSI）已经完成温室气体排放计算方法 PAS2050，并开始试行验证。由政府投资的碳信托（Carbon Trust）公司与百事可乐（Pepsi）、可口可乐（Coca Cola）、特易购（Tesco）、达能（Danone）、金百利克拉克（Kimberly Clark）等跨国大公司合作，已有超过 2500 种产品标示

碳足迹。碳减量标示要求厂商提出减量承诺，亦强调与传统产品比较时所减少的排放量。

在日本，经济产业省2008年4月成立推动委员会，30家厂商，62种产品参与碳足迹标示的研究工作。2008年12月，在生态产品展览会(Eco Product Exhibition)上展出，并于2009年4月正式推出碳标章，在同年6月公布《碳足迹计算规范》与《产品类别规则(PCR)的制定标准》。

在韩国，政府支持韩国环境工业与技术研究所[Korea Environment Industry and Technology Institute (KEITI)]负责推动。厂商根据GHG排放，依据既定的PCR完成碳足迹计算，KEITI依据ISO14025进行核查与验证，再在发证后每年追踪核查2次。其中，韩国碳标章分为两类，一为碳排放减量最低限值，二为已达成限值。目前，已对16家公司三类PCR37件产品进行了验证，另外，韩国政府结合乐天马特(Lotto-Mart)、特易购(TESCO)和易马特(E－Mart)三大量贩商店系统进行推广活动，预计2010年推出低碳标章试行计划，并以政府绿色采购作为诱因推广。

在德国，产品碳足迹试行计划由世界自然基金会(WWF)、欧克研究所(Oeko-Institute)、匹克(PIK)及西马乐(Themal)共同完成，已对10家公司15件产品进行了验证。其碳足迹计算以ISO14040/44为基础，参与PAS2050制定。

在泰国，由政府支持的泰国GHG管理组织(Thailand GHG Management Organization)于2008年8月规划推动，26家制造商参与验证，由国家金属与材料技术中心(MTEC)与大学的LCA专家指导厂商完成，计划于2009年11月推出首批碳足迹标章。

碳足迹绝对值的标示：①日本、韩国要求厂商进行完整的生命周期碳排放量盘查并将总量标示于产品或包装；②韩国碳标示另一个图样标示其产品是否低于标准值。推出绝对值的标示技术难度高。

碳足迹减量相对值的标示：①英国碳信托(Carbon Trust)的碳减量标章，除标明碳排放量，也要求厂商提出减量承诺。标章亦强调与传统产品比较时所减少的排放量。②澳大利亚环境保护团体Planet Ark将与英国合作，推出减碳标章。

(八)其他方面

帕赛克和麦克金农(Piecyk & McKinnon)通过逻辑斯蒂决策方式，把影响货物运输需求、汽车油料消耗以及相关的二氧化碳排放的影响分成结构、商业、操作、功能和外部等5大因素来预测2020年全球道路货物运输碳足迹[91]。

梅建屏等从城市微观主体的角度出发，通过构建城市微观主体碳排放评测模型，探讨了城市微观主体土地利用模式对碳排放的影响。研究表明，交通方式的选择对碳排放量的影响较显著，不同交通方式的碳排放量排序为：城市公交<综合交通<单位通勤<私人轿车[92]。

第六节　研究评述

全球气候变化已经成为当前学术界研究的热点之一，相关研究表明，人类活动是全球气候变化的核心影响因素。旅游业作为全球社会经济系统中的一个重要组成部分，其也受到全球气候变化的影响，但其也是全球气候变化的影响因素。

随着全球经济的快速发展，全球二氧化碳（CO_2）排放量的不断增加。一份刊登在2007年美国《国家科学院学报》上的报告说，过去十几年间，全球二氧化碳排放量的年增长率从1.1%上升到3%。1995年，全球共有60亿t的二氧化碳排放到大气中，到2005年，这一数字增至近80亿t。这些数据表明，全球经济的增长率是以牺牲巨大的资源环境为代价的。目前，从世界范围看，当前实体经济的调整已非纸上谈兵，发展低碳经济成为了各国的共识。

本书认为，旅游可以认为是从客源地到目的地再回到客源地的服务性产品，所以同样也适用于用产品生命周期评价理论或投入—产出理论对其碳足迹进行研究。旅游碳足迹的研究当务之急是确定旅游碳足迹的定义、内容、基本模型等。

碳足迹研究是对于以二氧化碳为重点的温室气体排放研究的进一步深化，主要研究特征总结如下：

（1）在研究概念上，不同研究组织或研究者因研究目的的差异对碳足迹内涵有不同的理解，普遍认为碳足迹是某一产品或服务从原材料购买到生产、销售和作为废弃物处理等整个生命周期过程中所排放的温室气体量。但是，现有的技术还不能对温室气体清单中的所有气体排放量作较为全面的统计，因此，大多数研究侧重于二氧化碳排放量的估算。

（2）在研究理论上，目前主要是使用生命周期评价理论和投入—产出理论。生命周期评价理论更为适用于由下而上评价微观或中观尺度经济系统温室气体排放的研究；投入—产出理论则较为适用于由上而下评价宏观尺度经济系统温室气体排放的研究。

(3)在研究对象上，国内外研究组织或研究者都越来越重视隐含碳排放的研究，尤其是国际贸易中的隐含碳排放研究是当前研究的热点，但针对现代服务业碳排放的研究尚少。基于生命周期理论或投入—产出理论的碳足迹研究能够较为全面地发现产品或服务生产、销售和废弃物处理过程中所产生的直接碳排放与间接碳排放，从而减少碳漏损，正确全面地认识产品或服务的碳足迹。

(4)在研究模型上，碳足迹计算模型在国内外众多的网站上均可以见到，但是这些模型包含要素、区域限定、信息透明、结果比较等方面存在较大的差异与不足，在一定程度上帮助民众、企业树立环境保护与能源节约观念起到了积极的作用。

(5)在比较研究上，国外研究者对碳足迹的研究较为全面，包括碳足迹内涵，支撑理论，碳足迹细分，区域碳足迹，家庭碳足迹，碳足迹标签等方面；国内研究者对碳足迹的研究尚处于起步阶段，特别需要在隐含碳排放研究的基础上，深化产品或服务的碳足迹研究，为国家节能减排，全球温室气体谈判，民众环境保护意识提高等方面提供科学保障。

第二章
相关概念界定与研究理论

第一节　相关概念

一、碳源碳汇

“碳汇”与“碳源”是关于大气循环和全球气候变化过程的两个相对的概念，来源于《联合国气候变化框架公约》(UNFCCC)缔约国签订的《京都议定书》。其中，碳源定义为向大气中释放二氧化碳的过程、活动或机制。碳汇定义为从大气中清除二氧化碳的过程、活动或机制，在林业中主要是指植物吸收大气中的二氧化碳并将其固定在植被或土壤中，从而减少该气体在大气中的浓度，碳在自然界许多碳库之间的输送过程叫做碳循环。

在陆地生态系统中，碳汇功能体现在碳库的储量和积累速率。碳源体现在碳的排放强度。吴建国指出，源指来源，即事物间传递物质或信息的属性以及具有这种属性的事物或过程。汇是与源相对的概念，它指接受物质或信息流动的系统或接受流动的过程[6]。在一个系统中，物质或信息的流动是动态过程，把这些产生流的系统称为源，接受流的系统成为汇。

二、碳平衡

碳平衡，又称碳中立(carbon neutral，or carbon neutrality)，是指中立的(即零)总碳量释放，透过排放多少碳就作多少抵消措施，来达到平衡[93]。它是现代人为减缓全球变暖所作的努力之一。利用这种环保方式，人们计算自己日常活动直接或间接制造碳补偿的二氧化碳排放量，并计算抵消这些二氧化碳所需的经济成本，然后个人付款给专门企业或机构，由他们通过植树或其他环保项目抵消大气中相应的二氧化碳量。

三、生态足迹

生态足迹也称生态占用，由加拿大里斯教授在20世纪90年代初提出，指在现有技术条件下，指定的人口单位内(一个人、一个城市、一个国家或全人类)需要多少具备生物生产力的土地和水域，来生产所需资源和吸纳所衍生的废物。生态足迹通过测定现今人类为了维持自身生存而利用自然的量来评估人类对生态系统的影响[94]。

生态足迹的计算是基于两个简单的事实：①我们可以保留大部分消费的资源以及大部分产生的废弃物；②这些资源以及废弃物大部分都可以转换成可提供这些功能的生物生产性土地。通过生态足迹的计算，可以非常直接明了地告诉我们：某一地区、某一城市乃至某一国家的人们，为了维持目前的生活水平，所需要的可生产土地和水域的面积。生态足迹理论是一种非常直观有效的理论，有利于我们转变思考问题的视角和方式，从而对目前的全球生态问题有更深刻和更全面的认识[95]。

四、碳足迹

碳足迹是衡量人类活动导致的温室效应增加对环境产生的影响，用单位二氧化碳来表示。一个企业或人的碳足迹可以分为第一碳足迹和第二碳足迹[96]。第一碳足迹是因使用石化能源而直接排放的二氧化碳。第二碳足迹是因使用各种产品而间接排放的二氧化碳。

另外，汉蒙德(Hammond)指出，在绝大多数研究中，经常用碳足迹等同于二氧化碳或二氧化碳当量的温室气体排放量。目前来说，接受较为广泛的是用碳信托组织(Carbon Trust) 所提出的碳足迹的定义。该定义强调碳足迹应该包括产品在投入、产出和生产过程中直接的温室气体排放量，然而部分间接的温室气体排放量，如工人上班从家里到工厂排放的温室气体量，则没有考虑入内。另外，根据《京都议定书》之规定，温室气体主要包括二氧化碳、甲烷(CH_4)、氧化亚氮(N_2O)、氢氟碳化物(HFCs)、全氟化碳(PF-Cs)、六氟化硫(SF_6)。但是，考虑到甲烷(CH_4)、氧化亚氮(N_2O)、氢氟碳化物(HFCs)、全氟化碳(PFCs)、六氟化硫(SF_6)这些气体的资料收集与计算难度，故不将这些气体纳入计算体系中。所以，本书认为的碳足迹研究对象仅为二氧化碳。根据上述定义分析与说明，本书认为碳足迹定义如下：

碳足迹是某一活动或产品在生命周期过程中所直接和间接产生的二氧化碳排放量的估量值。

在这个定义中，活动包括个体、人口、政府、公司、组织、生产和产业单位的活动，产品包括过程货物与服务等。在碳足迹计算中，它包括所有的直接(现场，内部)和间接(非现场，外部，上游，下游)所产生的二氧化碳排放量。

五、旅游碳足迹

旅游来源于拉丁语的"tornare"和希腊语的"tornos"，是指一种往复的行程，即指离开后再回到起点的活动；完成这个行程的人也就被称为旅游者。目前在国际上或国内，主要采用的旅游技术定义，技术定义的采用有助于实现可比性国际旅游数据收集工作的标准化，如世界旅游组织和联合国统计委员会推荐的技术性的统计定义认为，旅游指为了休闲、商务或其他目的离开他(她)们惯常环境，到某些地方并停留在那里，但连续不超过一年的活动[97]。有学者指出，旅游是在闲暇时间所从事的游憩活动的一部分，它是在一定的社会经济条件下产生的一种社会经济现象，是人类物质文化生活的一个部分[98]。旅游的一个显著特点是要离开居住或工作的地方，短暂地到一个目的地进行活动。

另外，学术界对旅游的理解目前有"大旅游"与"小旅游"之分。"大旅游"是指包括人类休闲时间内从事的所有游憩活动；而"小旅游"则指外地旅游者抵达某一目的地的有过夜行为的出游活动，有时包括符合一定的出游时间与出行距离条件的一日游活动[97]。综上所述，旅游是游客从客源地到目的地再回到客源地的一种社会经济现象，涉及到吃、住、行、游、购、娱等方面。而在旅游过程中，旅游者的吃、住、行、游、购、娱都需要涉及到这些方面的物质载体(如交通工具、宾馆饭店、食物等)，而这些物质载体在产生与销售过程中均会产生二氧化碳，从而产生间接排放。

结合上文所对碳足迹的定义、旅游的阐述和旅游产业与其他行业之间的相互关联性，本研究认为旅游碳足迹涉及的概念有 3 个，分别为旅游者碳足迹(tourist carbon footprint)、旅游产业碳足迹(tourism industry carbon footprint)和旅游经济碳足迹(tourism capital carbon footprint)，三者关系如图 2-1 所示。

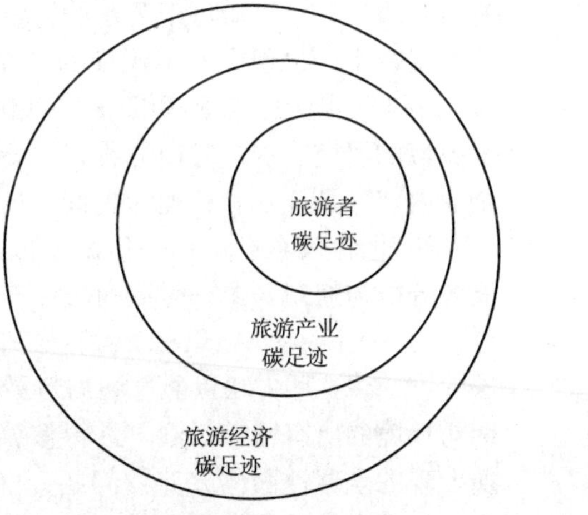

图 2-1　旅游碳足迹层级图

因此，对旅游者碳足迹、旅游产业碳足迹、旅游经济碳足迹进行定义，具体如下：

旅游者碳足迹是旅游者在旅游活动过程中所直接和间接产生的二氧化碳当量排放量的估量值，并不包括旅游物质载体生产、制造与分发，和旅游管理部门等为旅游业正常运行而涉及到的间接碳排放当量(单位：kg)。

旅游产业碳足迹是为旅游者提供餐饮、住宿、交通、购物、娱乐等服务相关的设施、设备、建筑物等生产与制造产生的二氧化碳当量和保障旅游业运行的行业部门、机构、组织运转而生产的二氧化碳当量之和(单位：kg)。

旅游经济碳足迹是旅游产业活动过程中所直接和间接产生的二氧化碳当量排放量的估量值，包括旅游物质载体生产、制造与分发，旅游管理部门等为旅游业正常运行而涉及到的间接碳排放当量，也包括第一、二、三产业间接为旅游业服务而产生的碳排放当量(单位：kg)。

在本书中，由于数据资料的难以获得，特别是对旅游经济碳足迹的计算难以估量，因此，本书只研究旅游者碳足迹的计算。

第二节　生命周期评价理论

一、生命周期评价理论的起源与发展

生命周期评价(LCA)理论研究已有近四十年的发展历史。最早可追溯到20世纪60年代末、70年代初，美国开展的一系列针对包装品的分析和评价，当时称为资源与环境状况分析(Resource and Environment Potential Assessment，简称REPA)[99]。其最初的应用是在1969年由美国中西部资源研究所开展的针对可口可乐公司饮料包装瓶的评价研究。该研究对不同材质的饮料罐在生产过程中产生污染的环境承载力进行了比较分析，涉及了大约40种材料。随后，美国和欧洲一些国家的研究机构和咨询公司也相继开展了类似的研究。这一时期的研究主要是工业企业的内部行为，研究结果作为企业内部产品开发和管理的决策工具[100]。

20世纪70年代，由于能源危机，很多研究工作从污染物的排放转向了能源分析与规划。这一时期的研究普遍采用了能源分析法，出现了"净能量分析"(Net Energy Analysis)和类似清单分析的"生态衡算"(Eco-balance)方法[101,102]。这些方法以能源和物料平衡以及生态试验为基础，对产品生命周期对环境的所有输入、输出进行核算。随着20世纪70年代末到80年代中期出现的全球性固体废弃物问题，LCA方法进一步扩展到研究废弃物的产生、处理和处置，从而为企业制定固体废弃物减量目标提供决策依据[103]。

20世纪80年代中期至90年代初，随着全球环境保护意识的不断加强，以及在可持续发展思想的影响下，LCA进入了快速发展时期。发达国家开

始推行环境报告制度，要求对产品形成统一的环境影响评价方法和数据；一些环境影响评价技术，例如对温室效应和资源消耗的环境影响定量评价方法，也不断得到发展。荷兰、瑞士等国的研究机构从生态平衡和环境评价等角度出发，对生命周期评价进行了较为系统的研究，逐渐形成了较为规范的分析方法，这些研究为 LCA 方法学的发展和应用领域的拓展奠定了基础。

1990 年由“国际环境毒理学与化学学会(SETAC)”首次主持召开了有关环境协调性评价的国际研讨会。与会者就 LCA 的概念和理论框架取得了广泛的一致，并确定使用生命周期评价[Life Cycle Assessment(LCA)]这个术语，从而统一了国际上的 LCA 研究。1993 年 SETAC 出版的《LCA 指南：实践准则》，获得了国际标准化组织(ISO)和欧洲标准化委员会(CEN)的认同，为 LCA 的规范化提供了重要的依据，对其方法论的发展、完善及应用做出了巨大贡献[104]。

国际标准化组织(ISO)从 1992 年开始筹划包括 LCA 标准在内的 ISO14000 环境管理系列标准的制定，并于 1993 年 6 月正式成立了“环境管理标准技术委员会”，负责环境管理工具及体系的国际标准化工作[105~108]。在总结近年来实践的基础上，国际标准化组织于 2006 年对 ISO14040 系列标准进行了整合，将原先的 4 个标准合并为现在的 2 个标准[109,110]。

联合国环境规划署(UNEP)从 20 世纪 90 年代中期开始参与 LCA 的研究，并于 1996 年发表了一份题为《LCA：概念与方法》的报告，为 LCA 研究提供了背景信息和范例。在美国环境保护署、荷兰和瑞士政府的支持下，UNEP 于 1999 年 10 月发表了一份题为《面向全世界的 LCA 应用》的报告，阐述了 LCA 在世界范围内的接受程度和应用水平[111]。2000 年，UNEP 与 SETAC 合作，共同研究 LCA 在当今社会及未来发展中的应用，并于 2002 年制定出详细的研究纲要和计划[112]。

欧洲、北美、日本等国家还制定了一些促进 LCA 应用的政策和法规，如“环境选择计划”、“生态标志计划”、“生态管理与审计法规”、“包装及包装废物管理准则”等。在亚洲，日本、韩国和印度均建立了本国的 LCA 学会，日本于 1995 年开始对涉及 15 个重要工业领域的各类典型材料进行了 LCA 评价，指导和推进全国范围内材料及其制品的环境协调化发展。中国在国家 863 计划的支持下，开展了符合国情的材料环境协调性评价方法和指标体系的研究，对典型材料的环境负荷数据进行了调研和分析，构建了材料环境负荷基础数据库系统平台[113]。

二、生命周期评价理论的定义与技术框架

在 LCA 的发展过程中，其定义不断得到完善和充实，尽管国际环境毒

理学与化学学会、国际标准化组织和联合国环境规划署都有对 LCA 的定义进行描述，但基本思想都趋于一致，其核心内容是：LCA 是对产品整个生命过程，包括原材料的提取、加工、产品制造、使用、再生循环直至最终废弃的环境因素的判别及潜在影响的评估和研究。

根据 ISO 14040 标准定义的技术框架，LCA 评价过程包含目的与范围的确定、清单分析、影响评价和结果解释这 4 个有机组成部分(图 2-2)。

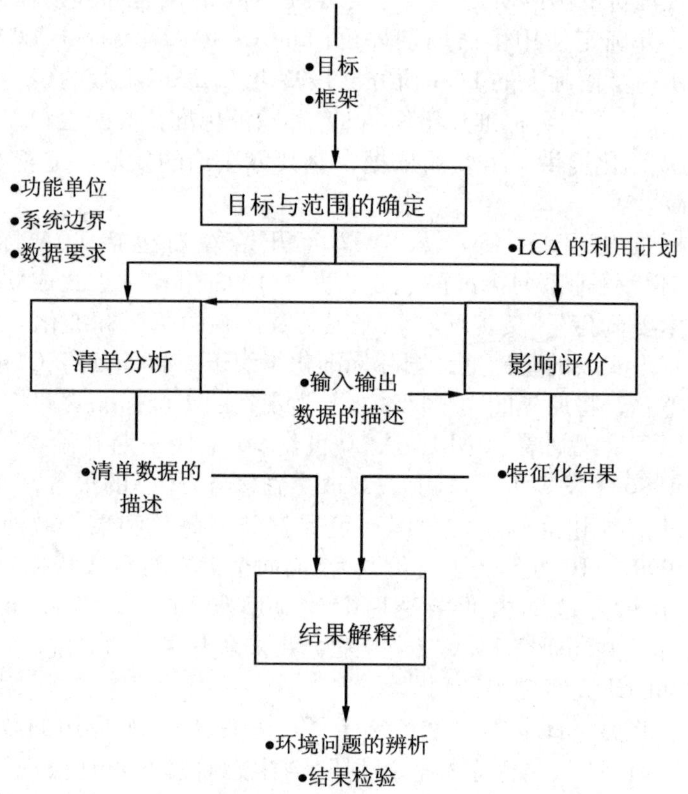

图 2-2 LCA 的评价过程与技术框架

(一) 目标与范围的确定

定义目标与范围是生命周期评价的第一步，它是清单分析、影响评价和结果解释所依赖的出发点和立足点，决定了后续阶段的进行和 LCA 的评价结果，它直接影响到整个评价工作程序和最终的研究结论。

LCA 的研究目的大致可以分为两大类：环境管理认证、清洁生产审核及其绩效评定；生产过程的生态辨识、工艺改进及其效果分析。研究范围的确定包括定义所研究的系统，确定系统边界，说明资料要求，指出重要假设和限制等。在评价过程中，范围定义是一个反复的过程，必要时可以进行修改。

由于 LCA 方法是一种基于定量计算的评价方法，产品系统各方面情况的描述就需要以一定的功能为基准。因此，在目的与范围确定阶段，功能单位的选取是一个至关重要的问题。功能单位是对产品系统输出功能的量度，它的基本作用是为有关的输入和输出提供参照基准，以保证 LCA 结果的可比性。在评估不同系统时，LCA 结果在同一基准上的比较是必不可少的。

(二)生命周期清单分析

清单分析是对一种产品、工艺和活动在其整个生命周期内的能量与原材料消耗量，以及对环境的排放(包括废气、废水、固体废弃物及其他环境释放物)进行以资料为基础的客观量化过程。该分析评价贯穿于产品的整个生命周期，即原材料的提取、加工、制造和销售、使用和废弃处理。它是 LCA 的核心部分，也是环境影响评价的基础，是目前 LCA 中发展最为完善的一部分。

生命周期清单分析有赖于将产品系统中的单元过程以简单的物流或能流相联系。实际上，只产出单一产品，或者其原材料输入与输出仅体现为一种线性关系的工业过程极为少见。大部分工业过程，尤其是化工生产过程，都是产出多种产品，并将中间产品和弃置的产品通过再循环用作原材料。当环境负荷需要用其中一种或部分产品来表征时，就产生了输入输出数据如何在多个产品或多个系统之间分配的问题。因此，必须根据既定的程序将物流、能流和环境排放分配到各个产品。

(三)生命周期影响评价

影响评价是建立在生命周期清单分析的基础上，根据生命周期清单分析数据与环境的相关性，评价各种环境问题造成的潜在环境影响的严重程度。迄今为止，在 LCA 的 4 个实施阶段中，影响评价(LCIA)被认为是技术含量最高、难度最大，同时也是发展最不完善的一个技术环节。影响评价的方法学、理论框架，以及各种影响类别的评价模型也还处在不同的形成阶段。目前，尚不存在统一的标准在清单数据和具体的潜在环境影响之间建立一致、准确的联系。

根据 ISO 14040 的规定，LCA 体系中影响评价阶段可分为必备要素和选择性步骤两大类。影响评价的各个要素如图 2-3 所示。

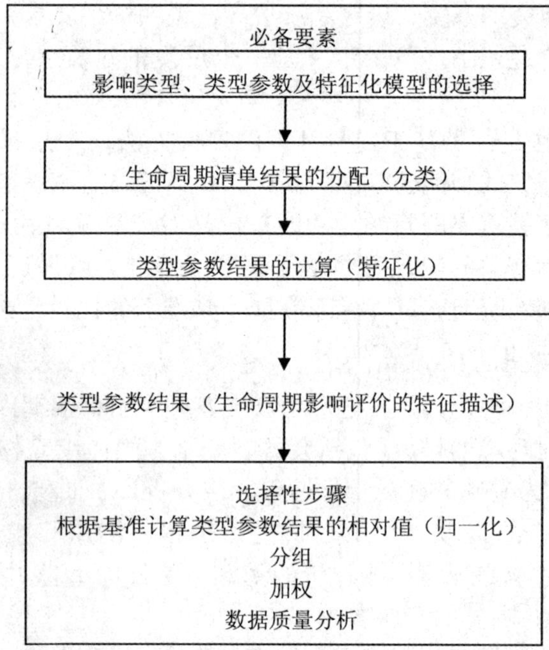

图 2-3　生命周期影响评价阶段的各个要素

(1)影响类型、类型参数及特征化模型的选择　目前国际上对温室效应、酸化效应、臭氧层破坏、生态毒性、光化学烟雾形成、人体健康损害等环境影响类别及其类型参数，产生这些影响的相关污染物和作用范围基本上达成了一致。具体内容如表 2-1 所示。对于资源耗竭问题，在影响类别参数的表征和评价方面还存在着较大的争议，需要进一步的完善[114]。

(2)分类　分类是将清单结果与环境影响类型相联系并分组排列的过程，它是一个定性的过程。当清单结果中污染物涉及的环境问题不止一种时，通常采用并联、串联或复合机制将污染物分配至不同环境影响类型。但在实际操作中，对分类并没有特别的要求，可以进行简化处理。

(3)特征化　环境影响类型参数的计算，即为特征化，它是对不同环境负荷项目所造成的环境影响进行对比分析和量化的过程，它利用不同环境影响类型的参数结果来表现系统生命周期影响评价的特征。其计算过程采用特征化因子将 LCI 结果转换成统一的单位并进行合并，得到量化的指标结果。表 2-2 列出的部分污染物的环境影响特征化因子是基于自然科学研究得到的结果，目前已在世界范围内得到广泛应用[115]。

表 2-1　环境影响类型及其相关环境负荷项目

环境影响类型	作用范围	相关环境负荷项目
不可再生资源消耗(ADP)	全球	矿物消耗；化石燃料消耗
可再生资源消耗(BDP)	区域	生物资源；水
温室效应(GWP)	全球	CO_2，NO_2，CH_4，CFCs，CH_3Br
臭氧层破坏(ODP)	全球	CFCs，CH_3Br，哈龙(卤代烷)
人体健康损害(HTP)	当地	进入空气、土壤和水体的毒性物质
生态毒性影响(ETP)	当地	进入空气、土壤和水体的毒性物质
光化学烟雾形成(POCP)	区域	乙烯(CH)，非甲烷系碳氢化合物(NMHC)
酸化效应(AP)	区域	SO_2，NO_X，HCl，HF，NH_4^+
水体富营养化(EP)	区域	氨，磷酸盐(PO_4^{3-})，硝酸盐(NO_3^-)

表 2-2　常见污染物的环境影响特征化因子(kg/kg)

环境影响	GWP	ODP	AP	POCP	NP	HTP
CO_2	1	—	—	—	—	—
CH_4	21	—	—	—	—	—
SF_6	23900	—	—	—	—	—
CF_4	6500	—	—	—	—	—
CF_6	9200	—	—	—	—	—
CFC－11	—	1.0	—	—	—	—
CFC－12	—	0.82	—	—	—	—
CFC－113	—	0.90	—	—	—	—
CFC－114	—	0.85	—	—	—	—
CFC－115	—	0.40	—	—	—	—
CO	—	—	0.027	—	—	—
SO_2	—	—	1.0	0.048	—	0.096
NO	—	—	1.07	—	0.2	
NO_2	—	—	0.7	—	0.13	1.2
HF	—	—	1.60	—	—	94
PAHs	—	—	—	—	—	570000
颗粒物	—	—	—	—	—	0.82
PO_4^{3-}	—	—	—	—	1.0	—
NH_4^+	—	—	—	—	0.33	—
NH_3	—	—	1.88	—	0.35	0.1

(4)选择性步骤 LCIA 阶段的选择性步骤，包括归一化、分组、加权和数据质量分析，其目的在于试图比较和量化不同类型环境问题对系统产生的总体环境影响。通过确定各种环境影响类型的基准值，将特征化结果与基准值进行比较而得到类型参数结果相对值的过程，称为归一化。指标结果归一化的目的在于增加对所研究系统中每一项指标结果相对值的了解，使来自于不同影响目录的影响值具有可比性。该步骤是以类型参数计算结果除以选定的基准值来加以转换。目前国际上推荐采用的世界范围内的归一化基准值[116]，如表 2-3 所示。

表 2-3 世界范围内的归一化基准值

环境影响类型	单位	归一化基准
温室效应(GWP)	Kg(CO_2当量)·yr^{-1}	3.86E+13
臭氧层破坏(ODP)	Kg(CFC-11 当量)·yr^{-1}	5.15E+08
人体健康损害(HTP)	Kg(1,4-二氯苯当量)·yr^{-1}	4.98E+13
光化学烟雾形成(POCP)	Kg(乙烯当量)·yr^{-1}	4.55E+10
酸化效应(AP)	Kg(SO_2当量)·yr^{-1}	2.99E+11
水体富营养化(EP)	Kg(PO_4^{3-}当量)·yr^{-1}	1.29E+11

为了得到总体环境影响的量化结果，通常对生命周期清单分析和特征化结果数据采用加权方法进行处理。加权是将基于价值选择的权重系数赋予不同的影响类型指标结果，并对加权后的参数结果进行合并。加权是基于价值选择得到相应的权重系数。权重因子反映了社会价值和偏好，可通过专家打分、经济价值和相关的环境标准等判断，也可以结合多属性价值函数理论，结合具体的产品来确定。关于各种环境影响相对权重的确定，可采用层次分析法(Analytic Hierarchy Process，简称 AHP 法)[117~119]。在涉及到环境影响类型较少的情况下，也可采用德尔菲(Delphi)法[120]。

ISO14040 标准提出了数据质量要求，即研究中所需数据的总体特征必须满足研究目的与范围。LCA 数据质量的研究主要包括原始数据的获取与检验和 LCI 数据质量对评价结果的影响分析，如敏感性分析、不确定性分析等。

(四)生命周期解释

结果解释是生命周期评价中根据规定目的和范围的要求对清单分析和(或)影响评价的结果进行归纳，以形成结论和建议的阶段。它将系统地评估在产品、工艺或活动的整个生命周期内消减能源消耗、原材料使用以及环境排放的需求与机会。这种分析包括定量和定性的改进措施，例如改变产品结构，重新选择原材料，改变制造工艺和消费方式，以及废弃物管理等。对于决策过程，根据研究目标和范围的要求，向决策者提供所需的相关信息。

生命周期解释的主要步骤包括：(1)在生命周期评价或清单研究结果基础上，对重大环境问题的辨识；(2)在完整性、敏感性和一致性分析基础上，对生命周期评价或清单研究结果进行评价；(3)得出解释结论、建议和最终报告。

三、生命周期评价的研究进展

在 LCA 方法的研究方面，由国际标准化组织制定的环境管理标准 ISO14040 和 ISO14044 中的相关研究最有影响，体现了世界范围内 LCA 研究的共识。目前 LCA 的主要研究方向包括清单分析方法和生命周期影响评价方法。其中，清单分析的理论方法趋于完善，侧重于结合工业应用要求而对数据采集及其处理进行规范化。影响评价方法研究包括评价指标体系研究、影响评价特征化模型研究以及评价结果的规范化等。主要进展体现在系列环境损害类型的提出和寿命损害数学模型的建立[121]，以及污染物对人体健康和生态系统毒性的衡量与确定[122]。迄今为止，LCIA 的方法学和基准体系仍处于不断地发展之中，尚没有被广泛接受的统一标准。国际上对影响评价的实施提出了多种多样的方法，如生态稀缺法(Eco-scarcity)[123]、环境优先级方法(EPS)[124]、生态指数法(Eco-Indicator)[125]和工业产品环境设计法(EDIP)[126]等，这些环境影响评价方法的特点及采用的权重方法如表 2-4。

表 2-4　主要影响评价方法及权重方法的描述

	评价方法	Eco-scarcity	EPS	Eco-indicator	EDIP	LIME
	主要版本	1991 1997	1992 1997 2000	1995 1999	1997 2003	2003
	使用范围	瑞士	世界	欧洲或荷兰	丹麦	日本
特征化因子	平均值	部分采用			√	
	特定范围		√	√		√
权重选择	目标 - 距离法	√			√	
	专家打分			√		
	货币化法		√			√

生命周期评价是一个综合分析工具。但在实施的过程中，由于清单分析缺乏空间、时间和阈值等方面的信息，限制了影响评价的精确性。上述制约的严重程度主要受到所分析的环境问题和用来外推清单信息的模型类型的影响[127]。虽然LCA可以系统地发现潜在的环境问题，然而这些问题的解决则需要使用更有针对性的评价方法。因此，许多研究者将构建生命周期影响评价的模型方法作为研究的主要方向。这些方法基本上可以分为环境问题法和目标距离法两大类。前者注重环境影响及其机理，对各种环境扰动因素采用当量因子转换来进行数据分析，如EPS方法和Eco-indicator方法。后者则注重影响的后果，用某种环境效应的当前水平与目标水平之间的差距来表征某种环境影响的严重程度，如Eco-scarcity方法。

目前，国际上开展的材料物质流分析(MFA或SFA)与LCA方法相结合的研究，是扩展生命周期评价应用范围的重要方向之一。如荷兰Leiden大学环境科学研究中心采用LCA方法计算了矿产资源的耗竭潜值，并建立多种金属的环境影响特征化模型，为工业生产的源头资源和能源消耗以及环境影响评价提供了重要的参考标准和基础性信息。瑞典的学者采用物质流分析(SFA)和生命周期评价(LCA)相结合的方法，记录了瑞典的聚氯乙稀(PVC)物质链以及所有与PVC相关的排放，并转化成相应的LCA环境主体评分，为评价PVC全生命周期内环境影响提供了明确的方向[128]。

在中国，LCA评价及其应用自20世纪90年代以来成为学术界关注的焦点和研究热点。在政府的引导和支持下，国内大量研究人员围绕LCA方法开展了卓有成效的研究工作，包括生命周期评价方法学的研究和具体材料或产品的案例研究等。

四、生命周期评价的应用状况

生命周期评价通过考察产品、行业甚至产业链的整个生命周期，对决策过程中的环境因素做出评价，这种评价可以是战略性的，也可以是具体运营和细节操作方面的，从而促使产业内部行为更符合可持续发展的原则。

(一)应用于工业企业部门

LCA在工业企业部门的应用主要包括对生产过程和集成生产过程的生命周期评价；为进入市场和改进产品提供保障的生命周期评价；与本行业长期规划和战略制定中的物流分析相结合的生命周期评价。主要领域可归结为产品系统的生态辨识与诊断、产品生命周期影响评价与比较、产品改进效果的评价、生态产品设计与新产品开发、循环回收管理及工艺设计以及清洁生产审计等6个方面[129~134]。

（二）LCA应用于政府管理部门和国际组织

生命周期评价不仅可以解决微观产品层面的生产、使用、再生和处置等生命周期各阶段的资源和环境的合理配置，而且可以了解宏观层面上，社会经济体系和自然生态规律体系之间的相互作用和相互影响，从而为政府管理部门制定地区和行业的环境发展政策提供依据[135~139]。主要内容包括：制定环境政策和国际环境管理体系，协调区域或全球环境问题，通过标准化手段来有效地改善和保护环境，满足经济持续增长的需求；建立环境产品标准，实施生态标志计划；制定相应的税收、信贷、投资、环保政策，促进废物回收、再生行业的发展；优化政府的能源、运输和废物管理方案，促进经济系统的环境负荷与经济成本最小化；向公众提供有关产品和原材料的环境信息，改进生态消费基准，倡导绿色消费或可持续消费。

五、生命周期评价理论的局限性

尽管生命周期评价的技术框架和分析特征已被广泛接受和理解，但在具体操作环节上并没有达成共识，致使生命周期评价面临着不少复杂情况。这种复杂性表现在系统边界的确定、影响类别的确定、影响评价模式的选择等方面。就评价方法而言，现行的影响评价类型和集成方法尚存在缺陷。

（一）客观性问题

LCA实施者对LCA方法的理解和对被评估系统的认识以及自身的知识背景和价值判断，决定了生命周期评价几乎难以完全避免主观因素的影响。例如，在系统边界的选择上，依赖于研究者对研究对象的认知程度和事先确定的研究目标；在定量评价某种影响类型时，可能有几种模型可用于确定某一系统在这类影响中所起的作用，但每种模型所给出的结果都各不相同，有的差别以数量级计。因此，影响评价模型的人为选择致使评价结果带有主观性。

（二）信息和数据的限制

对于生命周期评价工作而言，数据和信息不足是其主要问题之一。这种不足主要表现在两个方面：一是缺少可以作为影响类别依据的信息，二是关于生命周期各个阶段的信息和数据有限。由于无法取得或不具备有关数据，或是数据质量问题，在研究过程中经常采用典型生产工艺、平均水平来替代，或采用经验公式估算或靠经验判断等来获取数据，其结果可能导致数据不准确、误差或偏差较大，从而产生误导性。这一问题的解决并非易事，需要矿业、原材料生产、产品制造等各有关方面的通力合作才有可能奏效。

（三）时间和地域的局限性

生命周期评价对环境效应进行空间和时间集成，但是无论 LCA 中的原始数据还是评估结果，都存在时间和地域上的限制。此外，生命周期影响评价主要是以欧洲的眼光拟定出来的，因此，生命周期评价的原型中所包含的影响类别主要反映了欧洲各地区所关注的环境问题。尽管这种空间和时间集成能按一致的边界定义对不同的系统进行比较，但它却掩盖了欧洲以外的系统特定的一些重要环境影响。

第三节　研究小结

国内外对碳源碳汇、碳平衡的研究历史尚不长，而碳足迹是近几年来新兴的一个词汇，也是一个新兴的研究领域，旅游碳足迹则是研究旅游产业领域中各个环节中所排放的温室气体量（GHG）。根据本研究的需要，在本书中旅游碳足迹特指旅游者在旅游活动过程中所产生或导致的直接与间接排放的二氧化碳量。

尽管生命周期评价理论自 20 世纪 90 年代来就开始受到研究者的关注，也对不同的案例地、案例对象进行了比较深入细致的研究，可仍然受到个人评价客观性、数据可进入性以及时间与地域的局限性等因素的影响。生命周期评价理论是基于产品或服务从“摇篮”到“坟墓”的全过程评价，虽然这个理论仍然有许多的不足之处，但是在碳足迹现有研究当中，对产品或服务的直接或间接碳足迹的研究具有不可估量的优势，成为碳足迹研究的主要方法之一。

旅游是游客从客源地到目的地再回到客源地过程中一系列的社会经济条件下产生的一种社会现象，也是“吃”、“住”、“行”、“游”、“购”、“娱”等各个环境相互衔接、相互交叉，共同影响来完成一个过程，也是适合于采用基于产品或服务从“摇篮”到“坟墓”的供应链全程评价体系进行研究。

第三章
旅游碳足迹模型构建与计算说明

第一节　旅游系统模型构建研究

一、现有旅游系统主要模型总结

著名旅游学家，《旅游研究纪事》(*Annals of Tourism Research*)杂志主编杰佛瑞(Jafari)指出："为理解旅游业，有必要将其作为一个整体或者作为一个系统来研究"。冈恩(Gunn)提出了旅游功能系统的概念，它由需求板块和供给板块两个部分组成，其中供给板块又由交通、信息促销、吸引物和服务等部分构成；这些要素之间存在强烈的互相依赖。勒帕(Leiper)将旅游作为人类活动的一种空间表现形式来研究。从地理学的观点来看，旅游由3个主要的成分组成，即旅游客源地、旅游目的地和联系客源地与目的地之间的旅游通道[98](图3-1)。

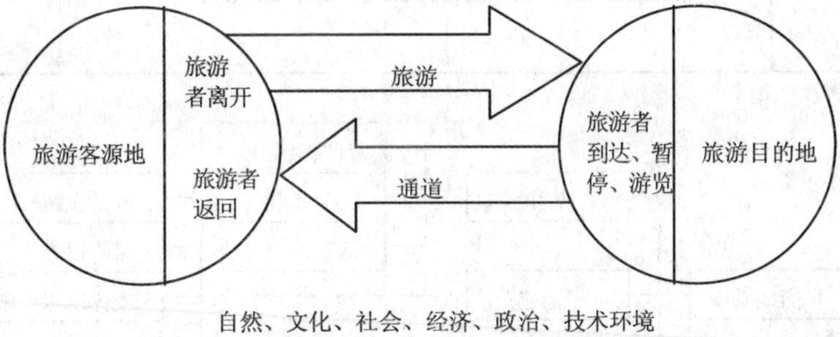

图3-1　旅游系统构成图

吴必虎认为，作为一门应用基础科学，旅游科学的研究对象与现代旅游活动的性质和广域关联度密切相关。旅游活动的发生涉及到客源地(O = Origin)和目的地(D = Destination)两类场所，这两类场所大多数情况下是不重叠的，而是相隔一定的距离，并且各自具有自己的运行规律；从空间角度观察，不仅需要对两者分别进行分析，还涉及到客源地和目的地之间的相互作用，包括客流从O到D之间的运移，以及D对O的市场营销，地理学上称其为O－D对的研究；从市场角度观察，旅游活动涉及旅游者对旅游产品的需求和开发商、政府管理部门面向市场的供给，经济学上称其为D－S对的研究；从旅游活动的运行过程观察，除了O与D两者内部的过程及两者之间的互相作用外，还涉及到一些支持系统的运行。归纳起来，可以将旅游活动视为一个开放的复杂系统，该系统的特征的把握及其在旅游开发、规划、经营、管理中的应用，就是旅游科学的核心任务，认为旅游系统构成应该包括4个部分，即客源系统、出行系统、目的地系统和支持系统[97]（图3-2）。

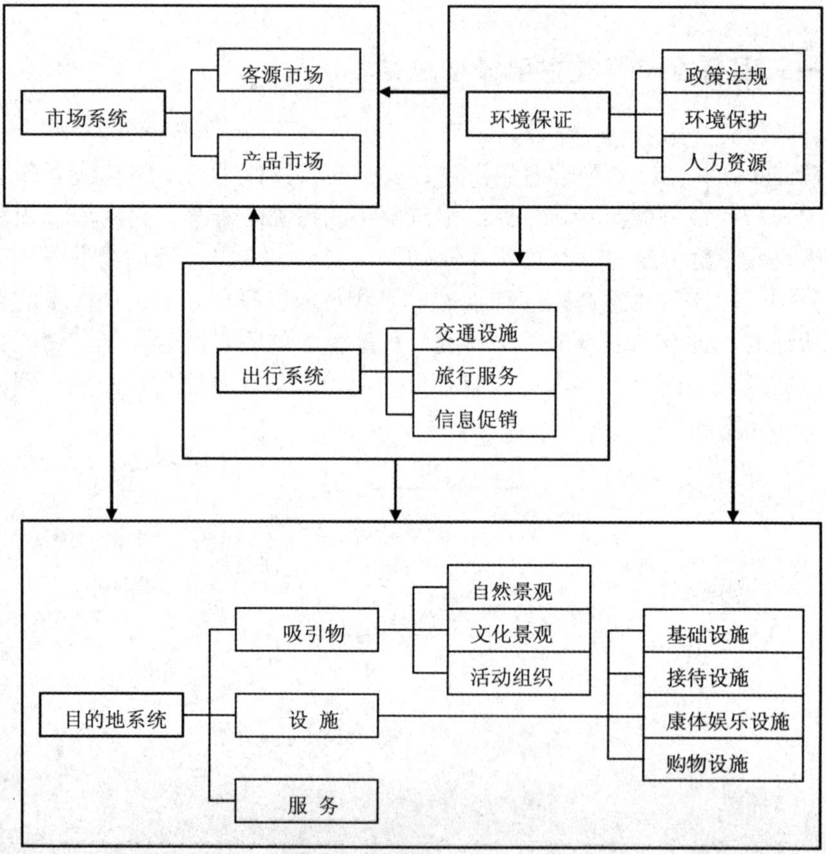

图3-2　旅游系统结构模型

从上文对各种旅游系统阐述中不难发现，作为复杂系统的旅游系统，以旅游客源地(O)和旅游目的地(D)为两个核心点，通过旅游交通把两者连接起来。另外，一个旅游系统的运行还涉及到政策、法规、人力资源、基础设施等目的地的自然、文化和社会经济环境。

二、基于 LCA 的旅游系统碳足迹模型构建研究

在图 4-2 中，旅游系统的结构非常复杂，涉及到客源地与目的地之间众多的内容，且众多内容延伸太多，无可操性，如政策法规、环境保护、人力资源、旅行服务、信息促销等等。整个旅游系统的边界可以再向外拓展，很难明确旅游系统的边界，对旅游系统碳足迹的估算与评价产生较大的困难。

(一)旅游系统碳足迹模型构建原则

(1)服务认定原则

由于目前国内外研究者对旅游研究的出发点不一，从而使其对旅游的认识不一，因此，尚没有对旅游给出一个明确的、广为接受的定义。本研究认为，旅游不仅是给游客的一种体验感知，还是从旅游客源地开始到旅游目的地再回到客源地的一系列服务的完成过程，也是适合于使用生命周期评价理论对其进行分析的。

(2)消费溯源原则

在前文对碳足迹的研究中发现，由于目前国家或地区对碳足迹的计算都偏重于国家或地区内部的直接碳足迹的计算，而外部的间接的计算考虑甚少。本研究认为在旅游中，应该坚持谁消费，谁负责的溯源原则，防止碳漏损。

(3)边界明确原则

在上文对碳足迹的综述中，发现边界明确一直是专家学者们讨论的一个重要议题。本研究认为勒贝尔等(Lebel *et al*)提出的碳足迹模式图中直接模式与深层模式中提出的无论产生在何处，消费在本地就应该纳入旅游碳足迹计算[68]。因此，旅游碳足迹模型研究边界是旅游目的地内支持旅游活动顺利开展所发生的所有碳足迹和从客源地到目的地过程中因交通而产生的碳足迹。

(4)区域共担原则

通过对上文旅游系统基本构成的认识，旅游作为一种服务，从其生命周期的角度来看，它经历了从客源地出发，旅游交通，目的地抵达，目的地的吃、住、行、游、购、娱等活动，离开目的地前往下一目的地，或者返回客源地。一般，旅游者在旅游的过程中，一般会游览多个旅游目的地，因此在旅游碳足迹的计算过程中，排入大气的温室气体量应该有多个旅游目的地共

同承担。

(5)产业特定原则

旅游业与其他产业相比，具有很大的特殊性，旅游体验仅在旅游目的地尚能发生。而为了旅游体验的发生涉及到众多的机构、组织、企业在旅游过程中所产生的服务。因此，在图 3-3 旅游系统结构模型中，无论是市场系统、出行系统、目的地系统还是环境系统都应该纳入旅游碳足迹的研究范围。

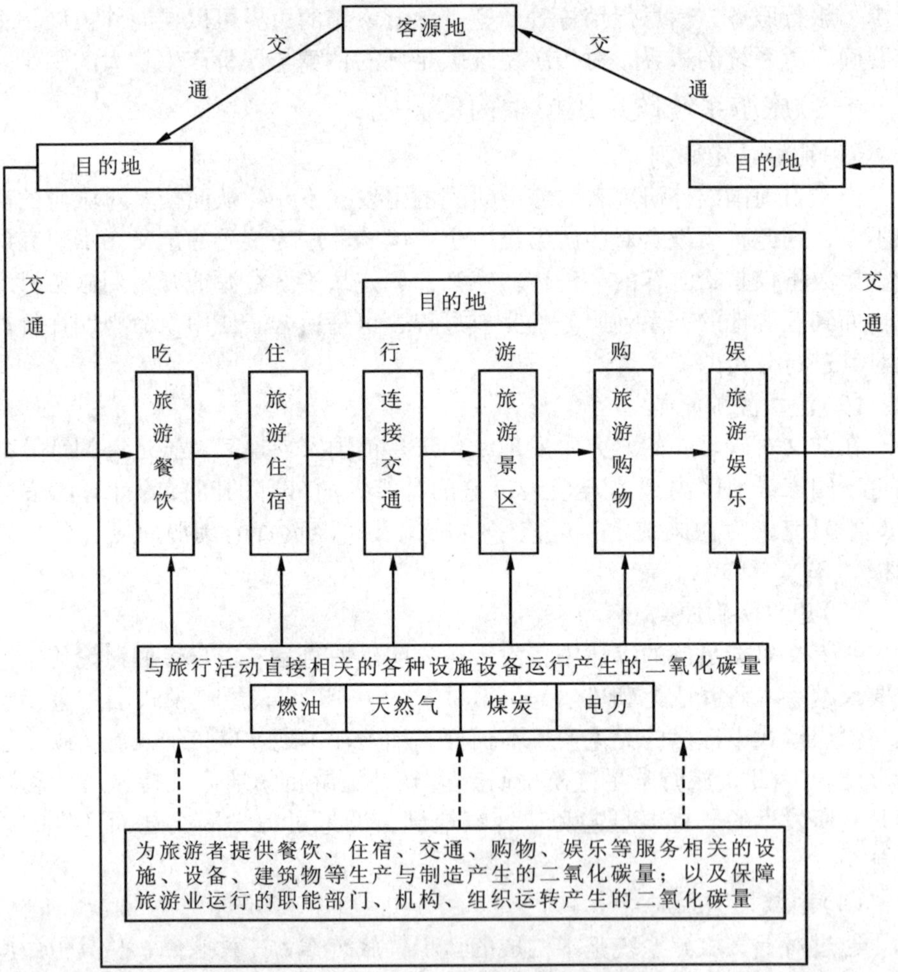

图 3-3　多旅游目的地碳足迹模型示意图

(6)可操作性原则

碳足迹模型的可操作性、可测性一直都比较模糊，而从旅游产业角度提出的旅游碳足迹模型涉及到的行业、部门、单位众多，可操作性存在较大的难度。基于作者在多次企业实地调研的基础上，认为选取单位基本的油、煤、气、电、水等相关数据来计算旅游碳足迹的可操作性会更强。

(二)旅游系统碳足迹模型构建

因此，基于研究者对现有旅游系统基本构成的认识，以及旅游碳足迹系统模型构建的基本原则，从服务产品生命周期评价的产业链角度出发，构建多目的地旅游碳足迹模型。如图 3-3 所示。单一旅游目的地碳足迹相对较为简单，仅包括客源地与目的地及旅游交通产生的碳足迹。

第二节　旅游碳足迹主要参数值确定

一、现有碳足迹模型主要参数值整理

自从提出碳足迹的概念以来，为了让民众更好地了解到个人的吃、住、行、游等活动对全球气候变化的影响，警惕全球气候变化，把低碳生活理念深入人心，设计出碳足迹计算器，在欧美等经济发达地区使用较为普遍，如 Carbon footprint，Resurgence，Carbon fund，Safe climate。目前，在我国也慢慢兴起，据笔者通过网络搜寻，在我国使用的碳足迹计算器主要由北京市林业碳汇工作办公室监制的个人碳足迹计算器、山水自然保护网站制作的碳足迹计算器(其计算参数由国家发展与改革委员会能源所提供)和《第一财政周报》制定的公司人碳足迹计算器(没有找到具体的计算器)等。

本研究对现有碳足迹计算模型的比较主要是依据帕吉特、史丹利蒙和克拉克等(Padgett，Steinemann，Clarke，*et al*)和肯尼和格雷(Kenny & Gray)分别于 2008 年和 2009 年在 *Environmental Impact Assessment* 杂志上发表的两篇关于碳足迹计算模型参数比较的科研论文，另外也结合笔者登陆相关碳足迹计算模型网站体验与比较，比较的碳足迹计算模型总个数为 17 个[88 ~ 89]。常用的碳足迹计算器如表 3-1 所示。现有的碳足迹模型主要是从家居和交通两大方面进行比较，主要的内容包括房屋、航班、公路与铁路运输，具体内容可见表 3-2，表 3-3，表 3-4。

在家居碳排放统计上，主要内容包括家庭结构(如两口之家，三口之家，等)、国家选择、电力、天然气、液化石油气、丁烷、丙烷、石油、煤油、煤炭、泥煤、煤球和木材等内容。在家庭结构上，除北京市林业碳汇工作办公室和山水自然网站制作为个人碳足迹模型外，其他的 15 个模型均涉及到了家庭结构。这些碳足迹模型的适用范围上，基本上都是基于英国、美

国或其他地区的碳排放系数执行的，Safe Climate 和 Grian 模型则包括了对国家选择的差异。在模型相关内容计算上，所有计算模型基本上涉及到了电力、天然气、石油这三项的统计，而液化石油气、丁烷、丙烷、煤炭、木材等涉及的模型较少(表 3-2)。

在公路与铁路运输上，主要涉及的内容包括不同类型汽车、火车、地铁、公交车、长途旅行车等车辆消耗燃油的统计。其中，Carbon Footprint 和 Resurgence 两个模型包括的统计项目最多，而 American Forests，Be Green，BEF，CarbonCounter. org，Chuck Wright，Clear Water，EPA，TerraPass，北京市林业碳汇工作办公室和山水自然网站的模型均为平均值(表 3-3)。

在休闲用油，航空方面，Resurgence 和 Grian 两者的数据较为全面。另外，山水自然网站则根据中国人较为习惯的经济舱、公务舱和头等舱等角度来计算航空的碳足迹(表 3-4)。

表 3-1 常用的碳足迹计算器统计表

名 称	简称	网 D 址
Carbon footprint	CFP	http：//www. carbonfootprint. com/
Resurgence	RES	http：//www. resurgence. org/education/carbon-calculator. html
Carbon fund	CF	http：//www. europeancarbonfund. com/
Safe climate	SC	http：//www. safeclimate. net/calculator/
Combat Climate Change	CCC	http：//www. combatclimatechange. org/www/ccc_ org/ccc_ org/224546home/index. jsp
Grian	GRI	http：//ww2. grian. ie/calculator/index. html
American Forests	AF	http：//www. americanforests. org/resources/ccc/
Be Green	BG	http：//www. begreennow. com/
Bonneville Environmental Foundation	BEF	https：//www. greentagsusa. org/GreenTags/ calculator_ in-tro. cfm
CarbonCounter. org	CCO	http：//www. carboncounter. org/
Chuck Wright	CHW	http：//www. chuck-wright. com/calculators/ carbon. html
Clear Water	CLW	http：//www. clearwater. org/carbon. html
The Conservation Fund	TCF	http：//www. conservationfund. org/gozero
EPA	EPA	http：//www. epa. gov/climatechange/emissions/ ind_ calcu-lator. html
TerraPass	TP	http：//www. terrapass. com/
北京市林业碳汇工作办公室	BJ	http：//www. bcs. gov. cn/calculator！ zcout. do
山水自然网站	SS	http：//www. hinature. cn/co2/

表 3-2　常用的碳足迹计算模型涉及内容

项目	碳足迹计算器内容																
	文献来源	州独立电力系数	废弃物、循环物	人数输入	电力	天然气	燃油	丙烷	煤油	木材	年总里程输入	机动车效率输入	有空调	飞行距离	飞行航班数	出发地与目的地输入	摩托车、公交车、火车等人
CFP	●			●	●	●	●			●							
RES	●			●	●	●	●	●									
CF	●			●	●	●	●										
SC	●	●		●	●	●	●	●			●	●		●			
GRI	●			●	●	●											
CCC	●			●	●	●	●	●	●								
AF	●		●		●	●	●	●	●	●	●	●	●	●	●		●
BG	●	●			●	●					●				●	●	
BEF	●	●			●	●	●	●			●	●		●	●		
CCO	●	●		●	●	●	●	●			●	●		●			
CHW					●	●	●				●	●		●			
CLW			●		●	●	●	●		●	●	●		●			
TCF	●		●		●	●	●	●			●	●	●	●			
EPA	●		●	●	●	●	●				●	●					
TP	●	●			●	●		●			●			●		●	
BJ					●	●	●		●		●			●			
SS					●	●	●		●		●			●			●

表 3-3　常用的碳足迹计算模型转换参数值(家庭碳排放)(单位:kg)

家庭	单位	CFP	RES	CF	SC	CCC	GRI	AF	BG	BEF	CCO	CHW	CLW	TCF	EPA	TP	BJ	SS
人口数		是	是	是	是	是	是	是	是	是	是	是	是	是	是	是	否	否
国家选择		否	否	否	是	否	是	否	否	否	否	否	否	否	否	否	否	否
电力	kWh	0. 430	0. 430	0. 610	0. 710	0. 660	0. 670	0. 681	0. 676	0. 631	0. 617	0. 908	0. 250	0. 622	0. 622	0. 622	0. 785	0. 904
天然气	kWh	0. 190	0. 190	0. 200	0. 190	0. 198	0. 425	0. 174	0. 173	0. 171	0. 163	0. 178	0. 143	0. 174	0. 173	0. 174	×	0. 174
液化石油气	l	1. 490	1. 510	×	1. 540	1. 545	×	×	×	×	×	×	×	×	×	×	×	1. 540
液化石油气	kg	×	×	×	×	×	×	×	×	×	×	×	×	×	×	×	×	×
丁烷	l	×	1. 510	×	×	×	×	×	×	×	×	×	×	×	×	×	×	×
丁烷	kg	×	×	×	×	3. 149	×	×	×	×	×	×	×	×	×	×	×	×
丙烷	l	×	1. 510	×	1. 510	×	×	1. 098	×	1. 268	1. 148	×	7. 828	1. 238	1. 268	1. 268	×	×
丙烷	kg	×	×	×	×	3. 149	2. 933	×	×	×	×	×	×	×	×	×	×	×
石油	l	2. 690	2. 680	2. 680	3. 120	2. 645	×	2. 197	×	2. 237	2. 027	1. 997	1. 907	2. 237	2. 227	2. 237	×	×
煤油	l	×	×	×	×	2. 486	×	2. 147	×	×	×	×	×	×	×	×	×	3. 152
煤炭	kg	2. 550	2. 410	×	2. 470	2. 630	×	×	×	×	×	×	×	×	×	×	×	1. 974
泥煤	kg	×	×	×	×	1. 362	×	×	×	×	×	×	×	×	×	×	×	×
煤球	包	×	×	×	×	1. 829	×	×	×	×	×	×	×	×	×	×	1. 976	×
木材	kg	×	0. 518	×	×	×	×	×	×	×	×	×	×	×	×	×	×	×
可再生资源发电	kg	0. 000	×	×	0. 000	×	×	×	×	×	×	×	×	×	×	×	×	×

注:×表示模型未包括相关信息。

表 3-4 常用的碳足迹计算模型转换参数值(公路与铁路交通碳排放)(单位:g)

公路与铁路交通	单位	CFP	RES	CF	SC	CCC	GRI	AF	BG	BEF	CCO	CHW	CLW	TCF	EPA	TP	BJ	SS
平均人数		否	否	否	否	否	是	否	是	是	是	是	是	是	是	是	是	是
国家选择		否	否	否	是	否	是	否	否	否	否	否	否	否	否	否	×	×
1.2~1.6L 汽车	km	155	223	190	×	106	×	×	×	×	×	×	×	253	×	×	34	×
1.8~2.0L 汽车	km	198	223	204	×	206	×	×	×	×	×	×	×	286	×	×	64	×
私家车(柴油)	km	155	223	×	×	165	×	×	×	×	×	×	×	×	×	×	×	×
汽油混合动力	km	110	223	177	×	×	×	×	×	×	×	×	×	×	×	×	×	×
汽油 40 英里每加仑	km	×	×	×	132	166	165	132	×	132	119	149	128	135	137	132	×	×
柴油 36 英里每加仑	km	×	×	×	180	246	210	180	×	180	162	202	174	184	187	180	×	×
火车	km	25	62	×	×	×	107	×	×	×	×	×	×	×	×	×	10	86
地铁	km	105	62	×	×	×	107	×	×	×	×	×	×	×	×	×	11	2.29
公交车	km	105	62	×	×	×	186	×	×	×	×	×	×	×	×	×	15	12.8
长途旅行车	km	50	62	×	×	×	186	×	×	×	×	×	×	267	×	×	×	×

注:×表示模型未包括相关信息。

表 3-5　常用的碳足迹计算模型转换参数值(休闲活动用油与航空碳排放)(单位:g)

旅游休闲	单位	CFP	RES	CF	SC	CCC	GRI	AF[a]	BG	BEF	CCO	CHW	CLW	TCF[a]	EPA	TP	BJ	SS[b]
休闲活动用油																		
汽油	l	×	231	×	×	×	234	×	×	×	×	×	×	×	×	×	270	225
柴油	l	×	268	×	×	×	268	×	×	×	×	×	×	×	×	×		270
煤油	l	×	252	×	253	×	×	×	×	×	×	×	×	×	×	×	×	×
航空																		
短距离(国内)	km	172	539[e]	151	192	×	180	×	×	×	×	×	×	×	×	×	275	91
短距离(国际)	km	142	539[e]	121	180	×	180	×	×	×	×	×	×	×	×	×	×	137
中等距离[c]	km	115	539[e]	112	180	×	180	124[f]	118[f]	383[f]	245[f]	143[f]	174[f]	121[f]	×	127e	105	182
长距离[d]	km	115	539[e]	112	180	×	110	×	×	×	×	×	×	×	×	×	139	×
核动力		否	否	否	否	否	否	否	否	否	否	否	否	否	否	否	否	否

注:×表示模型未包括相关信息;

[a]表示有空调;

[b]处表示 91 为经济舱,137 为公务舱,182 为头等舱碳排放系数;

[c]表示欧洲到美国东海岸、非洲、印度等区域;

[d]表示英国到澳大利亚、南美洲、远东地区等区域;

[e]表示为 GHG 排放量;

[f]表示为航空碳排放的平均值。

二、旅游碳足迹模型主要参数确定

（一）旅游碳足迹计算模型参数确定原则

（1）充分利用现有碳足迹模型参数。现有的碳足迹模型计算参数是各国关注全球气候变化的科学家多年来科学研究与实践经验总结性成果。旅游碳足迹模型参数的选择应该需要充分利用现有的计算参数，充分保证科学研究的传承性、严谨性与科学性。

（2）多重比较现有碳足迹模型参数。由于现有碳足迹模型的统计口径存在一定的差异，如有些参数值为整个温室气体排放量参数，而有些仅为二氧化碳排放参数。因此，在参数值选择时，笔者在慎重、斟酌分析其内部的基本差异的基础上再进行深入分析。

（3）结合中位数，平均数科学选择。笔者认为平均数是综合考虑参数值选择的结果，但是如果一味地考虑平均数，过重追求平均数，是否会导致参数科学选择出现一定的偏差，因为中位数是众多科研单位对某一物质消耗产生的二氧化碳量的统一认定的折衷的结果，在一定情况下，较平均数有说服力。因此，在旅游碳足迹模型中参数值的选择为中位数值。

（4）多种研究方法结合确定参数。由于现有的碳足迹模型参数基本上是从家居、交通两大部分来考虑并确定数值的，而旅游碳足迹的研究涉及的范围更广，内容更多。因此，可能少量旅游碳足迹参数在已有的研究中并未得到确认。在本研究中，将采取专家意见法、同类参数值比较法来确定旅游碳足迹中的极少量参数。

（二）旅游碳足迹计算模型参数确定

在上文对家居碳足迹（14 项），公路和铁路碳足迹（12 项）和休闲用油与航空碳足迹（8 项）碳足迹转换参数的计算，本研究选择与旅游相关的电力，天然气，液化石油气，丙烷，石油，煤油，煤炭，1.2～1.6L 汽车，1.8～2.0L 汽油，火车，地铁，公交车，长途旅行车，汽车，柴油，煤油，短距离（200km 以内），中等距离（200～1000km）和长距离（超过 1000km），总计 19 项相关参数，比较同一参数转换的最大值、最小值、平均数、中位数和方差等 5 项内容（表 3-6）。

在表 3-2，表 3-3 和表 3-4 中，天然气单位为千瓦时（kWh），与中国人对其单位立方米（m^3）的认识不一，在将来的实践操作中可能会产生误解，因而将其单位修改为立方米（m^3）。另外，在表 3-4 中，山水自然网络提供的航空碳足迹模型参数为经济舱、公务舱和头等舱三类进行分析，此 3 个概念为游客日常接触较为普遍的概念，其给游客的感知性较强，也便于操作，但是基于前文所提到的公平原则，乘客共享航空器的运输，他们对航空器所排放的二氧化碳量应该共同承担，因而在本研究选择短途、中途和长途3种航空旅行方式。

表3-6　旅游碳足迹模型基本参数值表(单位：g)

序号	能源类型	单位	最大值	最小值	平均值	中位数	方差	确定值
1	电力	kWh	908	150	648	166	0.166	166
2	天然气	m^3	2144	1586	1906	1938	0.009	1938
3	液化石油气	l	1545	1490	1525	1540	0.024	1540
4	丙烷	l	1510	1098	1289	1268	0.150	1268
5	石油	l	3120	1907	2375	2237	0.035	2237
6	煤油	l	3152	2147	2595	2486	0.511	2486
7	煤炭	kg	2630	1974	2407	2470	0.256	2470
8	1.2~1.6L汽油	km	253	106	185	190	57.519	190
9	1.8~2.0L汽油	km	286	198	223	206	36.205	206
10	火车	km	107	10	58	62	40.602	62
11	地铁	km	107	62	91	105	25.423	105
12	公交车	km	107	2.3	57	62	48.840	62
13	长途旅行车	km	267	50	141	124	103.960	124
14	汽油	l	270	225	240	232.5	0.203	232.5
15	柴油	l	270	268	269	268	0.012	269
16	煤油	l	253	252	252.5	252.5	0.007	252.5
17	短距离(200km以内)	km	192	151	173	176	17.251	176
18	中等距离(200至1000km)	km	180	112	147	148	38.413	148
19	长距离(超过1000km)	km	180	110	129	114	33.895	114

三、各类能源消耗与标准煤关系整理

能源的种类很多，所含的热量也各不相同，为了便于相互对比和在总量上进行研究，我国把每千克含热7000千卡(29306kJ)的定为标准煤，也称标煤。另外，我国还经常将各种能源折合成标准煤的吨数来表示，如1t秸秆的能量相当于0.5t标准煤，$1m^3$沼气的能量相当于0.7kg标准煤。

标准煤亦称煤当量，具有统一的热值标准。我国规定每千克标准煤的热

注：1cal=4.1868J

值为7000千卡。将不同品种、不同含量的能源按各自不同的热值换算成每千克热值为7000千卡的标准煤。

能源折标准煤系数＝某种能源实际热值(千卡/千克)/7000(千卡/千克)

在各种能源折算标准煤之前，首先测算各种能源的实际平均热值，再折算标准煤。平均热值也称平均发热量，是指不同种类或品种的能源实测发热量的加权平均值。

计算公式为：

$$平均热值(千卡/千克)=\frac{[\sum(某种能源实测低发热量)\times 该能源数量]}{能源总量(吨)}$$

其中，热力的计算方法是根据锅炉出口蒸汽和热水的温度压力在焓熵图(表)内查得每千克的热焓减去给水(或回水)热焓，乘上锅炉实际产出的蒸汽或热水数量(流量表读出)计算。各类能源折算标准煤的参考系数请见表3-7。

表3-7　各类能源折算标准煤的参考系数

能源名称	平均低位发热量	折标准煤系数
原煤	20934kJ/千克	0.7143kg标煤/kg
洗精煤	26377kJ/kg	0.9000kg标煤/kg
其他洗煤	8374kJ/kg	0.2850kg标煤/kg
焦炭	28470kJ/kg	0.9714kg标煤/kg
原油	41868kJ/kg	1.4286kg标煤/kg
燃料油	41868kJ/kg	1.4286kg标煤/kg
汽油	43124kJ/kg	1.4714kg标煤/kg
煤油	43124kJ/kg	1.4714kg标煤/kg
柴油	42705kJ/kg	1.4571kg标煤/kg
液化石油气	47472kJ/kg	1.7143kg标煤/kg
炼厂干气	46055kJ/kg	1.5714kg标煤/kg
天然气	35588kJ/m^3	12.143kg标煤/kg
焦炉煤气	16746kJ/m^3	5.714～6.143t标煤/万m^3
其他煤气		3.5701t标煤/万m^3
热力		0.03412t/百万千焦
电力		1.229t/万千瓦时

资料来源：张志强，曲建升，曲静静．温室气体排放科学评价与减排政策[M]．北京：科学出版社，2009.

由于表 3-6 旅游碳足迹模型基本参数值表可能不能对旅游碳足迹中的所消耗能源与碳排放的转换，或者是多种能源消耗计算需要转换到同一标准，如不同酒店消耗的天然气、煤炭、电力和燃油等化石燃料的种类不一，单独比较某一类型化石燃料不够全面、准确，因而使用各类能源消耗转换为标准煤来计算二氧化碳。

根据上文对旅游者碳足迹的定义，多旅游目的地碳足迹构建模型和旅游碳足迹模型基本参数表，可以得出旅游者碳足迹计算公式如下：

$$\text{旅游者碳足迹(kg)} = \sum_{i}^{n} \text{能源消耗类型}_i \times \text{碳足迹参数值}_i$$

第三节　旅游者碳足迹分解与计算

一、旅游者碳足迹模型分解

根据前文对碳足迹和旅游者碳足迹的定义，本研究的研究对象主要为旅游过程中，旅游者吃、住、行、游、购、娱等 6 个基本环节所直接消耗的燃油、电力、煤炭等所产生的旅游碳排放。研究对象分解示意图请见图 3-4。

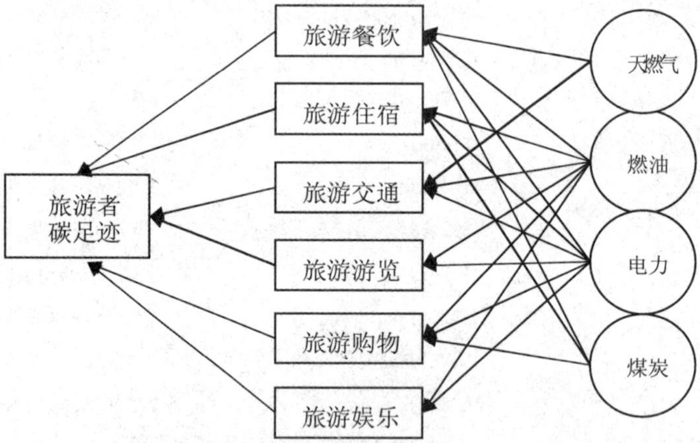

图 3-4 研究对象分解示意图

二、旅游者碳足迹计算说明

根据前文对碳足迹和旅游者碳足迹的定义，和对研究对象的阐述，旅游者碳足迹的研究计算主要是涉及到旅游活动中的吃、住、行、游、购、娱等 6 个要素上所直接产生的旅游碳足迹。

（一）旅游餐饮碳足迹计算说明

旅游者餐饮碳足迹主要是对重点旅游酒店餐饮企业调研的基础上，计算出不同星级酒店旅游餐饮直接化石能源消耗所产生的二氧化碳量。但是由于酒店使用的化石燃料包括燃油、电力、天然气和煤炭等，为便于比较，因而转化为标准煤来计算不同星级酒店所消耗的化石燃料所产生的二氧化碳量。

$$\text{餐饮碳足迹(kg)} = \sum_{i}^{n} \text{不同星级酒店餐饮平均所消耗的标准煤}_i \times \text{煤炭碳足迹参数值}_i$$

（二）旅游住宿碳足迹计算说明

旅游者住宿碳足迹主要是对重点旅游酒店餐饮企业调研的基础上，计算出不同星级酒店旅游住宿直接化石能源消耗所产生的二氧化碳量。但是由于酒店使用的化石燃料包括燃油、电力、天然气和煤炭等，为便于比较，因而转化为标准煤来计算不同星级酒店所消耗的化石燃料所产生的二氧化碳量。

$$\text{住宿碳足迹(kg)} = \sum_{i}^{n} \text{不同星级酒店住宿平均所消耗的标准煤}_i \times \text{煤炭碳足迹参数值}_i$$

（三）旅游游览碳足迹计算说明

旅游者游览碳足迹主要是对重点旅游景区调研的基础上，分别可以计算出不同旅游景区运营所直接化石能源消耗所产生的二氧化碳量。由于旅游景区所使用的化石燃料包括燃油、电力、天然气等，所以可以根据各旅游景区运营所消耗的化石燃料乘以响应的能源碳足迹参数得出旅游景区所消耗的化石燃料所产生的二氧化碳量。

$$\text{游览碳足迹(kg)} = \sum_{i}^{n} \text{旅游景区所消耗的能源类型}_i \times \text{相应能源碳足迹参数值}_i$$

（四）旅游交通碳足迹计算说明

旅游者交通碳足迹包括客源地到旅游目的地火车、汽车和航空的交通碳足迹，也包括在旅游目的地内部各旅游景区连接交通所产生的碳足迹。主要是对全国各地来旅游目的地的旅游线路中总结各条线路火车、汽车和航空的里程数，然后再根据不同交通工具相应的碳足迹参数值来计算总的旅游交通碳足迹量。据调查发现，自驾车旅游者一般约为 3 人组成一辆车，飞机约为 150 人组成一班次，火车约为 800 人一列。

$$交通碳足迹(kg) = \sum_{i}^{n} 旅游交通工具里程数_i \times 交通工具碳足迹参数值_i$$

(五)旅游购物碳足迹计算说明

旅游者购物碳足迹主要是对重点旅游商品生产企业能源消耗调研的基础上，总结出各类商品产生的产值与电力消耗之间的比例关系，计算出各类旅游商品生产的耗电量，乘以响应的电力碳足迹参数得出旅游购物直接化石能源消耗所产生的二氧化碳量。

$$购物碳足迹(kg) = \sum_{i}^{n} 旅游商品生产耗电量_i \times 电力碳足迹参数值_i$$

(六)旅游娱乐碳足迹计算说明

旅游者娱乐碳足迹主要是对重点旅游酒店娱乐企业调研的基础上，计算出不同星级酒店旅游娱乐直接化石能源消耗所产生的二氧化碳量。但是由于酒店使用的化石燃料包括燃油、电力、天然气和煤炭等，为便于比较，因而转化为标准煤来计算不同星级酒店所消耗的化石燃料所产生的二氧化碳量。

$$娱乐碳足迹(kg) = \sum_{i}^{n} 不同星级酒店娱乐平均所消耗的标准煤_i \times 煤炭碳足迹参数值_i$$

第四章
湖南省张家界旅游发展现状

张家界市位于湖南省西北部，澧水中上游，东经109°40′至111°20′、北纬28°52′至29°48′之间，属武陵山脉腹地，1988年5月经国务院批准设立，原名大庸市。1994年4月更名为张家界市，全市总面积9516km^2，辖2区2县，东连常德市，南毗怀化市，西邻湘西自治州，北接湖北省恩施州。张家界属中亚热带山原型季风湿润气候，四季分明，雨水丰沛，森林茂密，生物多样。全市森林覆盖率达63.7%，活立木蓄积量1024.10万m^3；境内有木本植物106科320属850种，其中国家一、二、三级保护植物分别有6种、20种和30种；有脊椎动物146种，其中国家一、二、三级保护动物分别有5种、21种和14种。

张家界是少数民族聚居区。据第五次人口普查，全市有以土家族、白族、苗族为主体的33个少数民族，少数民族人口占全市总人口的77.19%，2008年底，全市少数民族人口达118.78万。20万年前开始的人类在此创造了灿烂的远古文化，留下了许多古老的人文传说和众多的古文化遗址，先后出土国家一级文物41件、二级文物173件、三级文物1222件。还有省级文物保护单位6处、市级文物保护单位8处。

第一节　张家界旅游吸引物开发现状

张家界市旅游资源得天独厚，驰名中外，现有1个AAAAA级景区、8个AAAA级景区、3个国家森林公园、2个国家级自然保护区和1个世界地质公园。张家界拥有“奇峰三千、秀水八百”，奇峰异石冠绝天下，苍山秀水绚丽多姿，藏峰、桥、洞、湖、瀑于一身，集幽、野、奇、秀、险于一体。武陵源区内的石英砂岩峰林峡谷地貌世界罕见，核心景区荟萃了国内第一个国家森林公园——张家界国家森林公园和索溪峪自然保护区、天子山自然保护区和杨家界景区，总面积397.5 km^2。1992年，联合国教科文组织将其列入《世界遗产名录》。除此之外，张家界市域范围内还有“武陵之魂”天门山国家森林公园、被联合国列入“人与生物圈”观测站的八大公山国家级自然保护区、“百里画廊”茅岩河、“亚洲第一洞”九天洞等自然旅游资源，有“江南名刹”普光禅寺、“道教圣地”五雷山、清代摩崖溶洞石雕玉皇洞石窟群、贺龙元帅故居、湘鄂川黔革命根据地纪念馆等人文景观。

张家界民俗古朴，民族文化浓郁，有各类非物质文化遗产 15 类 70 多项，其中桑植民歌、土家族摆手舞、茅古斯、土家织锦被首批列入国家非物质文化遗产，张家界阳戏、张家界高花灯、张家界泼水龙灯、慈利板板龙灯等多种原生态的民族文化被列入省级非物质文化遗产。

据《张家界旅游发展总体规划(2009－2020)》可知，张家界主要旅游吸引物分类结果如表 4-1 所示[140]。

表 4-1　张家界主要旅游吸引物列表

主类	亚类	基本类型	基本类型
A 地文景观	AA 综合自然旅游地	AAA	武陵源风景名胜区、张家界国家森林公园、天门山国家森林公园、天子山自然保护区、索溪峪自然保护区、杨家界自然保护区、袁家界自然保护区、八大公山国家自然保护区、七眼泉自然保护区、梅家山公园、峰峦溪国家森林公园
		AAB	黄石浪大峡谷、张家界大峡谷、双峡一线天、苦竹河大峡谷、溇水大峡谷、穿洞峡大峡谷
	AB 沉积与构造	ABG	毕家村山洞化石点、“芙蓉龙”恐龙化石遗址
	AC 地质地貌过程形迹	ACF	金坪箱子岩
		ACL	黄龙洞、龙王洞、九天洞、天门洞、观音洞、响水洞、龟栖洞、飞云洞、金螺洞、燕子洞
	AD 自然变动遗迹	ADA	慈利滑坡遗迹
B 水域风光	BA 河段	BAA	茅岩河风景区、溇水、澧水高峡平湖、金藏河漂流、赤溪河漂流
	BB 天然湖泊与池沼	BBA	宝峰湖公园
	BC 瀑布	BCA	百跌瀑、飞潭瀑布、鸳鸯瀑布、米花瀑布、龙泉瀑布、天悬白练、三跌瀑、知音潭瀑布、天槽瀑布、水洞瀑布、王岩洞瀑布、荷花瀑布、宝峰飞瀑、吊篮湾瀑布、漂水岩瀑布、余家湾瀑布、夹湾瀑布、水帘洞瀑布

（续）

主类	亚类	基本类型	基本类型
B 水域风光	BD 泉	BDA	金鞭溪、鸳鸯泉、黄龙泉、索溪、香芷溪、八珠潭、乌龙泉、樟树泉、张龙泉、伏龙泉、茶杯泉、仙女洞泉、张公泉、九溪白马泉、索溪白马泉、圆鼓泉、九天银河、阳雀泉、风响泉、鸡公泉、哈溪间歇泉、花溪、驻马溪、清爽池
		BDB	万福温泉、江垭温泉、汤溪峪温泉、宜冲桥温泉、古渡温泉、大庸桥温泉、五道水温泉、茅岩河温泉
C 生物景观	CA 树木	CAA	江垭森林公园、猎石头林场、漩水林场、石长溪林场、江垭林场、坪塔林场、千亩林场、于家山林场、天星山林场、西界林场
		CAC	溪口镇千年樟树、桑植珙洞王
	CB 草原与草地	CBA	南滩牧场
	CD 野生动物栖息地	CDA	张家界大鲵自然保护区、桑植大鲵栖息地
D 天象与气候景观	DB 天气与气候现象	DBA	天子山云雾、天门山云雾、八大公山云雾
E 遗址遗迹	EA 史前人类活动场所	EAA	璞椰岗遗址、象鼻嘴遗址、屋场田遗址、康家溪遗址、柳枝遗址、樟树塔遗址、金台村遗址
	EB 社会经济文化活动遗址遗迹	EBA	芭茅溪旧址、慈利棉花山战争遗址、桑植起义旧址、中国工农红军第四军诞生地谷间山、红二红六军团长征出发纪念地、中华苏维埃大庸革命委员会旧址、刘家坪龙堰峪红二红六军团司令部旧址
		EBB	四十八寨李自成屯兵遗址、陈家河大捷遗址、军地坪、赤溪河大捷战场遗址
		EBC	天门书院、龙凤庵、大悲庵、朝天观、关庙、天子庙、迎恩寺、大岩屋、马公亭、萝洞书院
		EBF	白公城故城遗址、湘鄂边六县联合政府旧址、桑植县农民协会会址、乌龙寨

（续）

主类	亚类	基本类型	基本类型
F 建筑与设施	FA 综合人文旅游地	FAB	绿色大地、荷花园
		FAC	五雷山、普光禅寺、天门山寺、紫霞观、宝峰寺
		FAD	子午台森林公园、回龙观森林公园、虎穴公园、儿童公园
		FAE	桑植民歌广场
		FAG	张家界人民广场商业步行街、天子街
	FB 单体活动场馆	FBC	土家风情园、秀华山馆、大庸府城、茅古斯园、魅力湘西、鸽子花国际大剧院、梦幻张家界、张家界大剧院、黄龙洞演艺中心、宝峰湖山水实景演出、天门山峡谷剧场实景演出、两馆一中心、桑植民歌大剧院
	FC 景观建筑与附属型建筑	FCA	崇文塔
		FCC	兴国寺梅花殿
		FCD	玉皇洞石窟
		FCH	祭孙提督碑刻、茅庵野佛墓碑
		FCI	人民广场
		FCK	柳林铺石人石马、清风亭
	FD 居住地与社区	FDA	吊脚楼
		FDB	苦竹寨、九溪古城、江垭老街、慈利零阳镇、温塘古镇
		FDC	张家界乡村旅游文化村
		FDD	湘鄂川黔革命根据地纪念馆、老院子、贺龙公园、洪家关贺龙纪念馆、桑植烈士纪念馆、桑植县苏维埃政府纪念馆、孙开华纪念馆、杜心五故居、永生亭、桑植澧源镇、红军第二方面军长征纪念碑、岩屋口革命烈士纪念塔、桑植烈士公园
		FDE	渔浦书院、澧源书院
		FDG	军声画院
	FE 归葬地	FEA	永定区烈士陵园
		FEB	周赧王墓、刘明灯墓、南岔东汉墓、零溪乡古林凸墓葬、石板、零溪墓群、矔兜冢、周级墓、周朴墓
		FEC	白竹峪悬棺群
	FF 交通建筑	FFE	天门山鬼谷栈道
	FG 水工建筑	FGA	江垭水库平湖游、赵家垭水库

（续）

主类	亚类	基本类型	基本类型
G 旅游商品	GA 地方旅游商品	GAA	土家腊肉、酱菜、野菜、竹筒酒、米酒
		GAB	葛根、蕨根、茶叶、黄花、金香柚、玉米、红薯、反季蔬菜、土鸡、鱼泉贡米、朝天椒、粽叶
		GAC	大鲵
		GAD	五倍子、黄柏、杜仲、黄姜、魔芋、黄连素、绿原酸、茅岩莓、椪柑、无核蜜橘
		GAE	砂石画、土家织锦、蜡染、土家挑花、湘绣、木雕、根雕、竹编、石刻、木刻雕花、草编蒲团、麻编草鞋
		GAF	环保纸板、环保酒店用品
H 人文活动	HA 人事记录	HAA	贺龙、袁任远、廖汉生、蹇先任、杜心五、刘明灯、周赧王
	HC 民间习俗	HCA	土家族哭嫁、土家族板凳龙、苗族赶秋
		HCB	正月十五元宵节、泼水龙、四月八、六月六、过赶年
		HCC	桑植民歌、打镏子、摆手舞、八宝铜铃舞、仗鼓舞、花鼓、渔鼓、围鼓、三棒鼓、茅古斯、高花灯、傩愿戏、阳戏、苗族接龙舞
		HCD	大庸气功、斗画眉
		HCE	土家族过阴、还傩愿
		HCF	五雷山庙会、桑植芙蓉乡庙会
		HCG	糯米粑粑、糯米团馓、土家族咂酒、土家合菜、社饭、猪血稀饭
		HGH	土家织锦、刺绣、苗族服饰、苗族花带
	HD 现代节庆	HDB	张家界旅游文化活动周、张家界饮食文化节、张家界国际森林保护节、桑植民歌节、张家界山歌节
		HDC	张家界旅游商品博览会

资料来源：张家界旅游发展总体规划(修编)(2009－2030)，2009。

张家界旅游吸引物遍布于两区两县，宏观上主体旅游资源分布较为集中，如武陵源区分布着1个AAAAA级景区、2个AAAA级景区，永定区的大庸府城、老院子、土家风情园、秀华山馆、军声画院等特色人文旅游资源多分布在市区，桑植的旅游资源分为东南和西北两片，慈利的旅游资源主要分布在西部，总体上，比较方便地开展不同类别旅游活动和组合不同特色旅游线路。个别有一定吸引力的旅游资源分布较为分散，如八大公山位于桑植北部、五雷山位于慈利县东部，距武陵源核心景区和市区都有一定的距离。

第二节　张家界旅游线路开发现状

自1982年，张家界由国家计委获评为中国第一个国家森林公园起，张家界国内外旅游市场蓬勃发展。在1992年12月，联合国教科文组织将张家界国家森林公园、索溪峪、天子山等三大景区组成的武陵源风景名胜区列入“世界自然遗产保护名录”后，张家界作为世界精品旅游目的地受到了国内外民众的广泛关注。之后，全国各地旅行社均来张家界踩点组线。2009年，张家界采取多种措施，应对国际金融危机、甲型H1N1流感等对旅游的冲击，实现了旅游逆势上扬。全市游客接待量达到超纪录的1 900万人次，旅游总收入首次突破100亿元，比上年分别增长15%和20%。截至2009年年底，据笔者通过百度搜寻各省、区重点旅行社网页，均有其到张家界的旅游线路(表4-2)。

表4-2　张家界主要旅游线路开发列表

旅行社	出发地	主要行程
中国康辉	北京(双飞5日)	张家界、芙蓉镇、凤凰、韶山、花明楼、长沙
中国康辉	北京(双飞5日)	张家界、芙蓉镇、凤凰
中国康辉	北京(三卧9日)	张家界、凤凰、黄果树等
北青旅	北京(三卧9日)	张家界、凤凰、桂林
北青旅	北京(双卧7日)	张家界、韶山、衡山、长沙
山川旅行社	天津(双飞5日)	长沙、韶山、张家界、凤凰
上海华东旅行社	上海(双飞5日)	张家界、凤凰
海外旅业	重庆(双飞4日)	张家界
哈尔滨康辉国旅	哈尔滨(四飞8日)	长沙、张家界、桂林
哈尔滨康辉国旅	哈尔滨(四飞6日)	张家界、凤凰、天津
吉林新华旅行社	长春(双飞8日)	长沙、韶山、张家界、桂林
沈阳华夏旅行社	沈阳(双飞5日)	张家界
烟台康辉旅行社	青岛(双飞5日)	张家界、凤凰、芙蓉镇
河北康辉国旅	石家庄(三卧8日)	桂林、张家界
西安光大旅行社	西安(双飞5日)	张家界、凤凰
西安光大旅行社	西安(单飞单卧5日)	长沙、韶山、张家界
西安光大旅行社	西安(双卧7日)	长沙、韶山、常德、张家界
山西友谊国旅	太原(双飞5日)	长沙、韶山、花明楼、张家界
山西友谊国旅	太原(双卧8日)	张家界、神龙架、武昌

（续）

旅行社	出发地	主要行程
河南中青旅	郑州（双卧5日）	张家界、芙蓉镇、凤凰
成都光大国旅	成都（双卧8日）	凤凰、张家界、韶山、长沙
成都光大国旅	成都（双飞5日）	张家界、凤凰、芙蓉镇
武汉旅行社	武昌（空调火车4日）	长沙、张家界
武汉旅行社	汉口（汽卧5日）	长沙、张家界
江西海外旅游公司	南昌（单动5日）	长沙、张家界、芙蓉镇、凤凰
安徽银通国旅	合肥（动车组5日）	汉口、张家界、凤凰
阳光假日	广州（双卧5日）	张家界、凤凰、吉首
广东旅游在线	广州（双飞4日）	张家界、凤凰
深圳中国旅行社	深圳（双飞4日）	张家界、凤凰、芙蓉镇
广西海外旅行社	南宁（双卧5日）	吉首、凤凰、张家界
昆明康辉	昆明（双飞6日）	凤凰、张家界、怀化
福州国旅	福州（双飞5日）	长沙、张家界、凤凰、韶山
杭州天缘国旅	杭州（双飞5日）	长沙、凤凰、张家界
中国康辉南京国旅	南京（双飞5日）	张家界、凤凰
海南海口旅行社	海口（五日游）	长沙、张家界、韶山、花明楼
内蒙古中国国旅	呼和浩特（双飞6日）	长沙、韶山、凤凰、张家界
贵州中旅	贵阳（双卧4日）	张家界
宁夏国旅	银川（双卧双飞7日）	西安、张家界
甘肃小草旅行社	兰州（双卧10日）	汉口、长沙、韶山、张家界
青海华远旅行社	西宁（双卧8日）	武昌、长沙、凤凰、张家界、武昌
华天国旅	日本	上海、张家界、凤凰
华天国旅	亚洲地区	香港、长沙、凤凰、张家界
海外旅业	台湾	长沙、衡山、张家界、凤凰
华天国旅	欧美	北京、桂林、龙胜、凯里、镇远、凤凰、张家界

另外，对张家界湘西中旅、张家界中国国际旅行社和张家界海外旅行社主要负责人调研，也了解到游客从客源地来旅游目的地（张家界）的基本情况，主要录音文字材料如下：

“很多游客是从其他途径进来，不是从张家界直接进来。最常规的线路就是韶山张家界，从长沙过来的可能是占到60%以上。还有一部分就是从异地去往张家界，还有一部分就是有去岳阳和衡山的。一个常规团到张家界，一般游玩张家界、凤凰、长沙就会回去……一般常规的话，从长沙的话是8日游。6日有一个档次，8日游一个档次。6日游一般是第一天抵达长沙并住长沙，第二天和第三天过来看张家界森林公园，第四天看到的是宝峰湖和黄龙洞或是天门山之类的，第五天一般是去韶山，然后又返回去长沙了。八日的行程就多了一个常德和凤凰。一般常规的境外团就是这样。”

“那就是说主要旅游地应该是长沙和张家界。从广东过来选择的交通方式很多，有火车、飞机。像是湖南省这边最长的线路就是长韶张凤（长沙、韶山、张家界、凤凰），一般的话就是张凤行程或者是长张凤行程，这个行程是灵活变动的、随客人选择的，一般的话就是3晚4天、4晚5天、5晚6天。游客进出也不一样，有的从长沙进出，有的从张家界进出。根据航班行程和客人的选择，他安排就不一样，但景区、景点就这些啊。就是长沙、韶山、张家界、凤凰这是主打的，还有一部分是衡山、岳阳。”

结合上述，张家界重点旅行社的访谈材料与对全国各省区重点旅行社线路的网络搜集（表4-2）可知，从客源地单独以张家界作为旅游目的地的旅游线路较少，仅有贵州中旅、重庆海外旅业和沈阳华夏旅行社开发的3条旅游线路，一般张家界与长沙、凤凰、韶山等旅游目的地组成旅游线路，部分游客也会到岳阳、衡山、常德等其他旅游目的地参观游览。

第三节　张家界旅游交通建设现状

铁路运输。张家界境内枝柳铁路北自湖北由慈利苗市入境，南从永定后坪出境，纵贯市域南北，长130.34km。张家界火车站属二级车站，于1983年开始营运，1992年7月1日新站房奠基开工，1993年12月26日竣工投入使用。目前每天停靠的客运车辆19列，已开通直达北京、广州、长沙、无锡、湛江、襄樊等大中城市的列车，并通过石长线与京广铁路相通。每年的旅游旺季，各地还开通直达张家界的旅游专列。总体上说，途径张家界车站的列车较多，从张家界始发的列车较少、快速车不多。列车主要开往长沙、怀化、广州等方向（表4-3）。

航空运输。张家界荷花机场位于张家界市永定区官黎坪办事处荷花村，距市区5km，是按照国家民航和国际民航组织有关技术标准修建的4D（飞行区等级）类民用机场，1994年8月正式通航，可满足年旅客吞吐量70万人次，货运量8000t，高峰客流量3000人次/小时。机场跑道长2600m，宽45m，可满足波音747飞机的全荷载起降。张家界荷花机场已开通长沙、广州、上海、南京、北京、宜昌、济南、杭州、常州、大连、重庆、武汉、成都、郑州、福州、汕头、珠海、厦门、香港、贵阳等国内航线，累计开通国内、国际航线及地区航线54条，通往国内53个城市，是连通湖南、湖北、

表 4-3　张家界荷花机场主要航线航空客运统计表(2004 - 2008)

航线	2004 年			2005 年			2006 年			2007 年			2008 年		
	架次	人数	客座率(%)	架次	人数	客座率(%)	架次	人数	客座率(%)	架次	人数	客座率(%)	架次	人数	客座率(%)
张家界 = = 长沙	61	4257	47	57	2790	31	103	2142	13	77	1040	9	40	2746	42. 7
张家界 = = 广州	1338	129091	62	1409	148212	70	1639	180116	68	1710	198118	77	356	142252	65. 4
张家界 = = 深圳	527	54605	69	481	50513	70	592	58855	65	543	60776	72	434	46855	70. 2
张家界 = = 北京	1809	225410	78	2452	329675	90	2402	303837	84	2486	295390	79	1700	200172	72. 4
张家界 = = 上海	3560	373402	67	5003	507985	68	3990	448107	75	3622	398750	73	2653	272803	66. 7
张家界 = = 重庆	442	32416	84	347	13485	78	617	28113	67	653	28321	87	510	20617	36. 4
张家界 = = 成都	424	45122	71	436	38588	57	473	43621	73	464	44632	80	181	15311	72. 2
张家界 = = 汕头	36	4383	94	22	2670	78	1203	84							
张家界 = = 武汉	610	61709	65	236	22209	63	65	4222	41						
张家界 = = 西安	1366	81499	63	1188	141129	79	1144	125364	65	1001	103668	69	764	76832	67. 7
张家界 = = 南京	481	69352	92	498	68536	88	681	45620	77	1079	134121	80	683	78903	73. 8
张家界 = = 香港	171	13011	49	42	2590	40	66	6596	54	93	7350	51	45	4199	61. 3
张家界 = 长沙 = 青岛 = 沈阳	668	60632	58	693	64580	60	655	45305	43	702	56468	52	686	51989	48. 4
厦门 = 张家界 = 成都	569	46635	46	488	39180	40	529	38300	54	563	49566	59	110	11362	55. 3
张家界 = = 杭州	32	4714	94	250	22205	59	398	34750	70	337	35718	82	225	17338	58. 15
张家界 = = 天津	322	8019	18	259	32084	73	432	62080	83	432	63696	87	173	20851	70
张家界 = = 济南	29	2898	72	102	4444	34	30	3372	79	12	1579	84			

资料来源:张家界旅游发展总体规划(修编)(2009 - 2030),2009。

四川、贵州四省重要的空中桥梁。近年来，张家界又开辟直达九寨沟、韩国等旅游目的地和客源地的旅游热线(表4-4)。张家界目前已经拥有连接长三角、珠三角、环渤海三大国内游客市场的航线，同时拥有连接武汉、成渝、长株潭三大城市群的航线，已经初步形成连接周边客源市场和远程主要客源市场的航空线路。2004～2008年张家界荷花机场主要航线航空客运统计表请见表4-3。

公路运输。随着旅游业的不断发展，张家界市的公路运输事业也得以发展壮大。至2006年底，全市县乡以上公路通车里程4459km，另外还有通村公路约2538km，全市1606个行政村中，1558个通公路，通村率达97%。2006年，公路完成客运量4122万人、旅客周转量127923万人千米，比上年分别增长7%和7.9%；货运量1109万吨、货物周转量83260万吨千米，分别增长2.9%和2.6%。

第四节　张家界旅游市场开发现状

1982年，张家界国家森林公园作为我国第一个国家森林公园获批成功，1992年联合国教科文组织批准其为世界自然遗产。经过张家界人近30年的努力，张家界从藏在山谷人未识的绝美佳境，转变为接待游客超1600万人次的世界精品游客目的地，取得了令人瞩目的成就。以武陵源世界自然遗产所在区域的张家界核心景区，是游客来张家界游览的必去之处，是游客向往的旅游景区。2009年来张家界游客数量已经接近250万人，2007～2009年的张家界核心景区游客人数统计表见表4-4。

表4-4　张家界核心景区旅游人数统计表(2007－2009)

站名	当年人数			全票						优惠票		
				境内			境外					
	2007	2008	2009	2007	2008	2009	2007	2008	2009	2007	2008	2009
索溪峪站	1078804	860118	998739	579831	514216	562309	302672	162473	103972	40182	42471	37442
水绕四门站	40054	15772	12475	19079	14162	10746	13222	0	0	1663	807	878
天子山站	3082	10665	22029	1986	7853	15969	0	0	10	447	1704	2550
杨家界站	392	799	3022	322	430	2025	0	0	0	23	354	419

（续）

站名	当年人数			全票						优惠票		
				境内			境外					
	2007	2008	2009	2007	2008	2009	2007	2008	2009	2007	2008	2009
森林公园站	1319876	1003837	1149536	1000185	749011	812654	70156	38715	23248	77786	64434	53469
总计	2442208	1891191	2187810	1601403	1285672	1403703	315894	201188	127230	120101	109770	94758

资料来源：张家界景区门票公司。

一、张家界境内旅游市场发展

1982 年中国第一个国家森林公园——张家界国家森林公园成立，就标志着张家界市旅游业的发展。从 1982 年到 1988 年，游客人数从 8. 37 万增长到 51. 74 万，以简易招待所为主体的旅游接待设施体系基本形成，游客人数持续增长，旅游接待设施体系不断完善，以张家界国家森林公园为主体的区域初步形成一个热点旅游区。旅游接待人次和收入总量稳步增长。1989 年至 2007 年，张家界国内旅游人次从 54. 8 万增长到 1752. 3 万，旅游总收入从 1989 年的 0. 249 亿元增长到 2007 年的 91. 25 亿元。2008 年受多种外部因素的影响，张家界国内旅游接待人次略有下降，但仍达到 1679 万，实现旅游收入 83. 65 亿元[141]。纵观历年张家界客源构成，国内市场是张家界的主要客源市场。

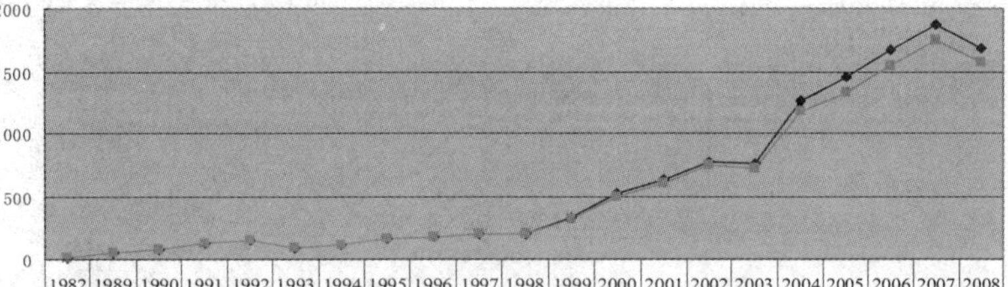

	1982	1989	1990	1991	1992	1993	1994	1995	1996	1997	1998	1999	2000	2001	2002	2003	2004	2005	2006	2007	2008
游客总人数（万人次）	8.37	56.5	72.1	126	151	93.2	110	160	183	208	208	327	513	628	774	760	1269	1453	1676	1878	1679
国内游客人数（万人次）	8.37	54.8	71.1	124	148	89.8	109	159	180	206	205	312	493	602	743	724	1179	1325	1548	1752	1573

图 4-1　张家界市 1982 – 2008 年年接待游客量图

资料来源：张家界市统计年鉴(2009)。

通过对武陵源世界自然遗产地的多年跟踪调查显示，张家界客源市场辐射范围非常广泛，遍布全国各省(市、自治区)，其中湖南、广东、上海、江苏、北京是张家界的主要国内客源地。同时，根据张家界各旅馆住客登记信息(2008 年 1 月 –2009 年 5 月)，在张家界过夜频率最高的六大客源地分别是湖南、北京市、广东、上海市、江苏、浙江(图4-2)。

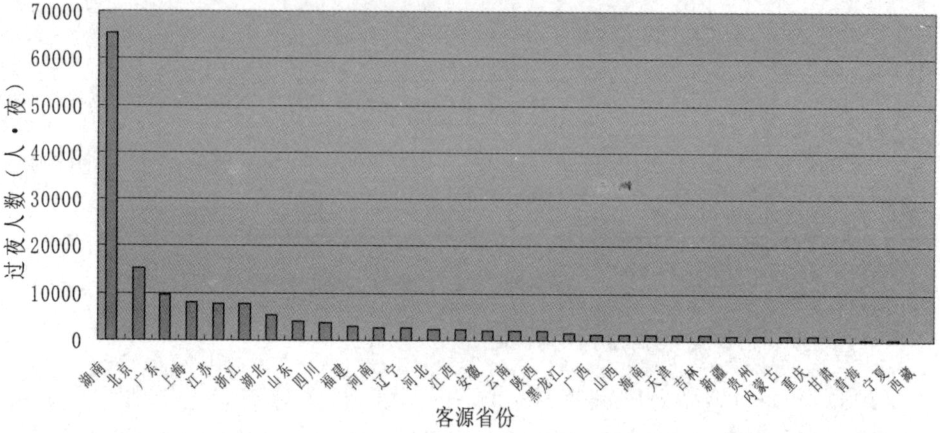

图4-2　张家界过夜游客客源地分布图

资料来源：张家界旅游发展总体规划(修编)(2009－2030)，2009。

另外，在2009年5月1日至3日，2009年7月14日至20日在张家界

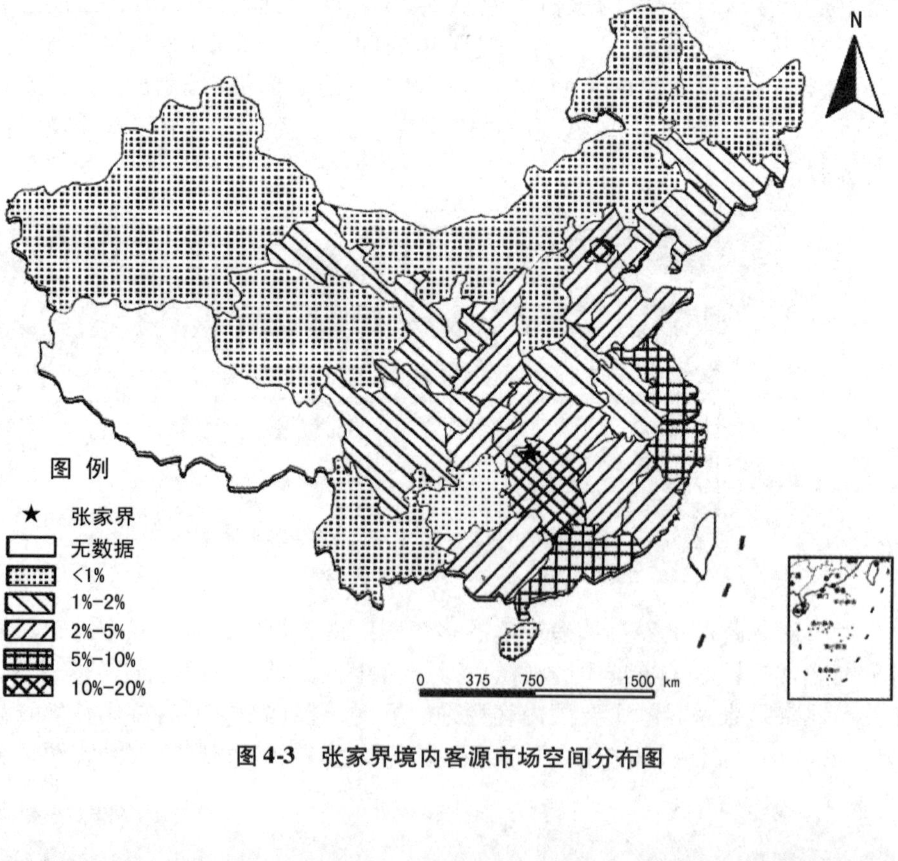

图4-3　张家界境内客源市场空间分布图

国家森林公园、天门山国家森林公园、黄龙洞和宝峰湖旅游区对722名游客进行了问卷调研，张家界境内客源市场游客来源构建见图4-3，详见表6-5。表6-5所示内容，基本上作者在张家界湘西中旅、张家界海外旅行社、张家界中国国际旅行社和张家界康辉旅行社所作的访谈内容基本一致。

张家界的客源结构呈现团队游客为主导、散客为辅助的局面。据调查与对旅行社的访谈发现，接近七成的游客选择了参团方式进行旅游，其中，在客源地参团的受访游客高达49.7%，在张家界组团的占19.5%。而自助游的游客则不足三成，其中将近一半的自助游客表示在当地找导游，真正的自助游客仅占受访游客的13.6%。张家界自助散客不断增长，2006年自驾游客张家界的自驾车25938辆，2008年则增至37900辆(图4-4)。自助游客除本省游客外，主要来自广东、湖北、重庆、贵州、四川、江西、上海等地。除武陵源核心景区外，东、西线的景区接待了不少自驾车旅游者。

表4-5　张家界国内客源市场构成统计表

省份	样本数	百分比	省份	样本数	百分比
安徽	14	1.91	辽宁	10	1.37
北京	86	11.75	内蒙古	6	0.82
福建	26	3.55	青海	4	0.55
甘肃	12	1.64	山东	18	2.46
广东	68	9.29	山西	4	0.55
广西	16	2.19	陕西	22	3.01
海南	4	0.55	上海	66	9.02
河北	18	2.46	四川	14	1.91
河南	10	1.37	天津	18	2.46
黑龙江	4	0.55	新疆	2	0.27
湖北	26	3.55	云南	6	0.82
湖南	140	19.13	浙江	38	5.19
江苏	68	9.29	重庆	16	2.19
江西	16	2.19			

从张家界旅游局获知，2008年全市总接待自驾车37900辆，其中武陵源区接待8000辆，根据笔者在武陵源区旅游局的调研，自驾车者一般为家人出行，大概平均为3人一台。因此，本研究可以据算出张家界2008年自驾车旅游者为113700人，其中武陵源核心景区的自驾车游览者为24000人。张家界自驾车游客客源构成与人数统计表请见表4-6。

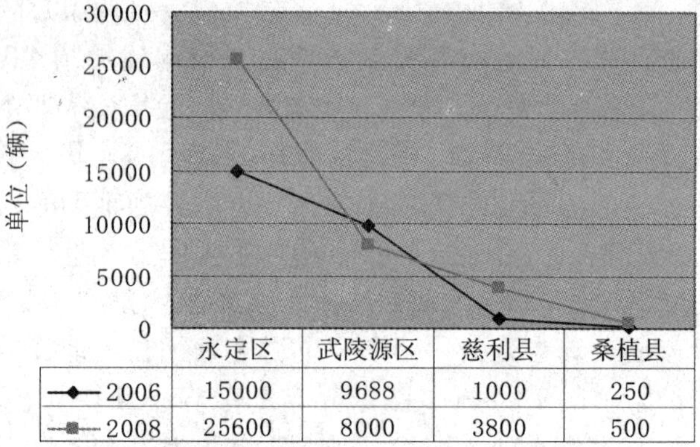

图 4-4 张家界旅游自驾车分布图(单位：辆)

资料来源：张家界市旅游局，2009。

表 4-6 张家界自驾车客源市场构成统计表

省份	自驾车游客比重	武陵源区接待的自驾车人数(人)
广东	11%	3520
广西	5%	1600
湖北	12%	3840
湖南	30%	9600
江西	10%	3200
上海	14%	4480
四川	8%	2560
重庆	10%	699

资料来源：张家界市旅游局，2009。

二、张家界境外旅游市场发展

作为湖南省旅游发展的龙头，1989～2007 年，张家界年接待入境旅游从 1. 68 万人次增长到 2007 年的 125. 90 万人次。2008 年虽受各种外界因素影响，入境旅游接待人次仍有 105. 85 万人次，在湖南省乃至全国入境旅游市场中占有重要地位(图 4-5)。

2002 年前，全市接待港澳台游客占到入境旅游总接待量的一半以上，但从 2002 年开始，韩国市场开始迅猛发展，2002 年占到了接待总量的 62. 91%，此后几年保持快速发展，2005 年所占市场份额达到了 90. 13%，成为国内入境旅游的一个奇特现象，但从另一方面，韩国市场的增长也在一

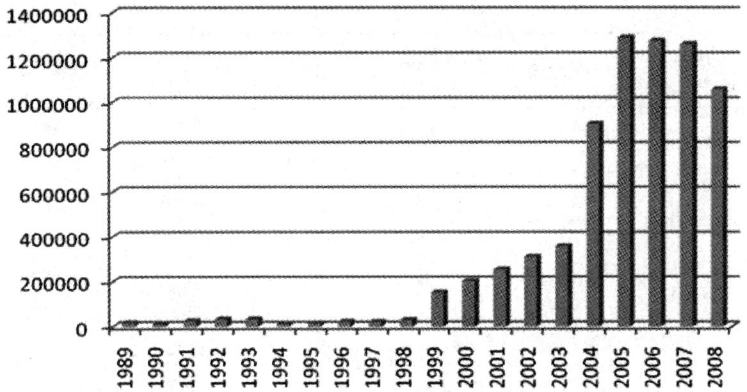

图 4-5　张家界 1989 ~ 2008 年入境游客人次统计

资料来源：张家界市统计年鉴，2009。

定程度上对其他入境市场形成了挤出效应。从各市场接待量来看，我国台湾地区、香港、澳门，韩国，东南亚，欧美市场基本保持量上的增长，只有日本市场波动较大。值得注意的是，迅速发展起来的韩国市场在 2007 年绝对数量上出现小幅度下滑，但所占比例基本保持不变(表 4-7)。

依据《张家界统计年鉴(2009)》中 2007 年和 2008 年的全年入境游客接待人次(表 4-7)和张家界核心景区门票公司对 2007 年与 2008 年境外游客接待人数(表 4-4)的比例关系，可以计算出 2007 年与 2008 年，境外游客总人数，以及我国台湾地区、香港、澳门，韩国、日本，东南亚和欧美地区不同的游客人数(表 4-8)。表 4-8 所示内容基本上与笔者在张家界湘西中旅，张家界海外旅行社，张家界中国国际旅行社和张家界康辉旅行社所作的访谈内容一致。

表 4-7　张家界市 2000 – 2008 年入境旅游量接待统计表(单位：人次)

年份	入境旅游接待人次	中国台湾	中国香港、澳门	韩国	日本	东南亚	欧美
2000	201932	122169 (60. 50%)	38569 (19. 10%)	5741 (2. 84%)	20436 (10. 12%)	12404 (6. 14%)	1115 (0. 55%)
2001	253900	110040 (43. 34%)	66776 (26. 30%)	58723 (23. 13%)	10659 (4. 20%)	4199 (1. 65%)	3589 (1. 44%)
2002	309810	43373 (14. 00%)	14561 (4. 70%)	194886 (62. 91%)	43373 (14. 00%)	5006 (1. 62%)	7903 (2. 55%)

（续）

年份	入境旅游接待人次	中国台湾	中国香港、澳门	韩国	日本	东南亚	欧美
2003	357336	104297 （29.19%）	5165 （1.45%）	230698 （64.56%）	9291 （2.60%）	4848 （1.36%）	1085 （0.30%）
2004	903278	74069 （8.20%）	32518 （3.60%）	780757 （86.44%）	9256 （1.02%）	5580 （0.62%）	782 （0.09%）
2005	1287857	59832 （4.65%）	15699 （1.22%）	1160751 （90.13%）	12218 （0.95%）	30948 （2.40%）	7500 （0.58%）
2006	1274771	127477 （10.00%）	50991 （4.00%）	1030015 （80.80%）	12748 （1.00%）	38243 （3.00%）	15297 （1.20%）
2007	1259000	127033 （10.09%）	33741 （2.68%）	1025833 （81.48%）	6925 （0.55%）	44694 （3.55%）	20774 （1.65%）
2008	1058500	76，212 （7.20%）	38300 （3.62%）	706457 （66.74%）	25298 （2.39%）	20112 （1.90%）	20747 （1.96%）

资料来源：张家界市统计年鉴，2009。

表4-8　张家界市实际境外游客人数统计表(单位：人)

境外游客构成	统计年鉴数据(人次)		实际游客人数(人)	
	2007	2008	2007	2008
境外总游客	1259000	1058500	386050	201188
中国台湾游客	127033	76212	38952	17284
中国香港、澳门游客	33741	38300	10346	8686
韩国游客	1025833	706457	314553	160215
日本游客	6925	25298	2123	5737
东南亚游客	44694	20112	13705	4561
欧美游客	20774	20747	6370	4705

资料来源：张家界市统计年鉴(2009)与作者计算。

三、张家界各区域客源市场构建小结

根据对表6-5、表6-6、表6-7和表6-8的整理，可以得出2008年张家界全年接待游客人数为1891191人，其中境内游客1690003人，境外游客201188人。另外，在境内游客方面，乘坐自驾车来张家界的游客有29499人，乘坐飞机来张家界的游客有482559人，乘坐火车来张家界的游客有1177945人。其中，自驾车游客主要来自广东、广西、湖北、湖南、江西、上海、四川、重庆等湖南周边地区，乘坐飞机来张家界的游客主要来自北京、广东、黑龙江、江苏、辽宁、山东、陕西、上海、四川、天津、新疆、浙江等经济发达地区或距离张家界较远的地区。安徽、甘肃、海南、河北、河南、内蒙古、青海、云南等省区则主要以火车来张家界游玩(表4-9)。

表4-9　张家界市2008年游客市场分类统计表

区域	2008年全年接待游客人数(人)	占所在大类百分比(%)	自驾车人数(人)	航空人数(人)	火车人数(人)
境内游客	1690003		29499	482559	1177945
安徽	32322	1.91	0	0	32322
北京	198552	11.75	0	100086	98466
福建	60027	3.55	0	5681	54346
甘肃	27705	1.64	0	0	27705
广东	156995	9.29	3520	94554	58921
广西	36940	2.19	1600	0	35340
海南	9235	0.55	0	0	9235
河北	41557	2.46	0	0	41557
河南	23087	1.37	0	0	23087
黑龙江	9235	0.55	0	9235	0
湖北	60027	3.55	3840	0	56187
湖南	323225	19.13	9600	1373	312252
江苏	156995	9.29	0	39452	117543
江西	36940	2.19	3200	0	33740
辽宁	23087	1.37	0	9298	13789
内蒙古	13852	0.82	0	0	13852
青海	9235	0.55	0	0	9235
山东	41557	2.46	0	16696	24861
山西	9235	0.55	0	0	9235
陕西	50792	3.01	0	38416	12376
上海	152377	9.02	4480	136402	11496
四川	32322	1.91	2560	7656	22107
天津	41557	2.46	0	10426	31132
新疆	4617	0.27	0	4617	0
云南	13852	0.82	0	0	13852

（续）

区域	2008年全年接待游客人数（人）	占所在大类百分比（%）	自驾车人数（人）	航空人数（人）	火车人数（人）
浙江	87732	5.19	0	8669	79063
重庆	36940	2.19	699	0	36241
中国台湾游客	17284	8.59	0	17284	0
中国香港、澳门游客	8686	4.32	0	8686	0
韩国游客	160215	79.63	0	160215	0
日本游客	5737	2.85	0	5737	0
东南亚游客	4561	2.27	0	4561	0
欧美游客	4705	2.34	0	4705	0
总计	1891191		29499	683747	1177945

第五节　张家界旅游餐饮住宿业建设现状

张家界旅游业的大发展极大地推动了住宿业的发展，据悉，截至2008年底，张家界市星级饭店57家，提供41428张床位。其中，五星级1家，提供856张床位；四星级5家，提供2334张床位；三星级38家，提供7875张床位；二星级12家，提供1634张床位；一星级1家，提供78张床位。目前还有4家饭店正在申报评星。其他未评星级的社会旅馆和宾馆290多家，床位数超过4.1万张。张家界市住宿设施无论从床位数，还是饭店数量都位于湖南省第二位，仅次于长沙市，长沙和张家界2市所拥有的星级饭店数超过了湖南省星级饭店总量的1/3，其他的12个市/州所拥有的星级饭店不到2/3。

张家界市星级饭店分布比较集中，以市区和武陵源区为主。以星级饭店为例，张家界市区拥有26家星级饭店，包括张家界国家森林公园在内的武陵源区拥有23家星级饭店，它们占张家界市星级饭店总数的86%；慈利县拥有3家星级饭店，占张家界市星级饭店总数的5%，桑植县拥有5家星级饭店，占张家界市星级饭店总数的9%。张家界市社会旅馆和宾馆也主要集中在武陵源区和市区。到2008年年底，张家界市拥有未评星级的社会旅馆和宾馆290家，床位数28775张。具体请见表4-10。

表 4-10　张家界市酒店统计信息表

酒店	数量	床位数	永定区	武陵源区	慈利县	桑植县
五星	1	856	0	856	0	0
四星	5	2334	1738	298	0	0
三星	38	7751	3288	4128	120	215
二星	12	1634	257	753	435	189
一星	1	78	0	0	0	78
星级以下宾馆旅馆（客房数 20 间以下的旅馆未列入）	290	28775	12600	13087	1739	1349
总计	347	41428	17883	19122	2294	1831

资料来源：张家界市统计年鉴，2009。

张家界市的餐饮文化属于我国的八大菜系之一湘菜的湘西山区流派。在餐饮菜肴制作上擅长山珍野味、烟熏腊菜、腌肉酸肉，口味咸香酸辣，富有浓郁的山乡风味，地方特色鲜明。

总体上看，目前张家界市餐饮企业大致可以分为饭店配套的餐厅服务、旅游餐厅、社会餐馆、地方小吃便利店（大排挡）、景点周边的农家乐五种类型。饭店配套的餐厅主要满足住店客人以及当地居民的需要。目前，张家界市绝大部分的高档餐厅都集中在星级饭店内；旅游餐厅主要接待旅行社的团队客人和少量旅游散客，批量生产，发挥规模效益；社会餐馆数量多，档次多样，以满足当地居民、旅游散客等需要为主；地方小吃便利店（大排挡）、景点周边的农家乐以地方特色突出以及价廉物美取胜，能满足旅游客人以及当地居民品尝地方特色菜肴和风味小吃的需要。

第六节　张家界旅游商品建设现状

在旅游产业中，旅游商品产业是十分重要的方面，在一定意义上标志着一个国家或地区旅游业的发展程度。张家界因旅游立市，旅游商品产业伴随着旅游业的发展而发展。旅游商品生产由旅游开发初期的盲目自发、模仿生产到目前基本形成，重视质量、注重品牌、积极创新的势头。旅游商品销售由旅游开发初期摆摊销售、集贸市场销售到现在大型超市的土特产专柜、定点专卖与旅游购物商业街并举。如图 4-6 所示，随着张家界旅游业的快速发展，张家界旅游购物收入总额基本保持持续增长态势，但其增长速度却一直低于旅游总收入的增长，显示出一定的滞后性。从 2000 年起，张家界旅游购物收入进入逐年增长阶段，除2003年有所下降外，其他年份基本上保持了低增幅的稳定增长。

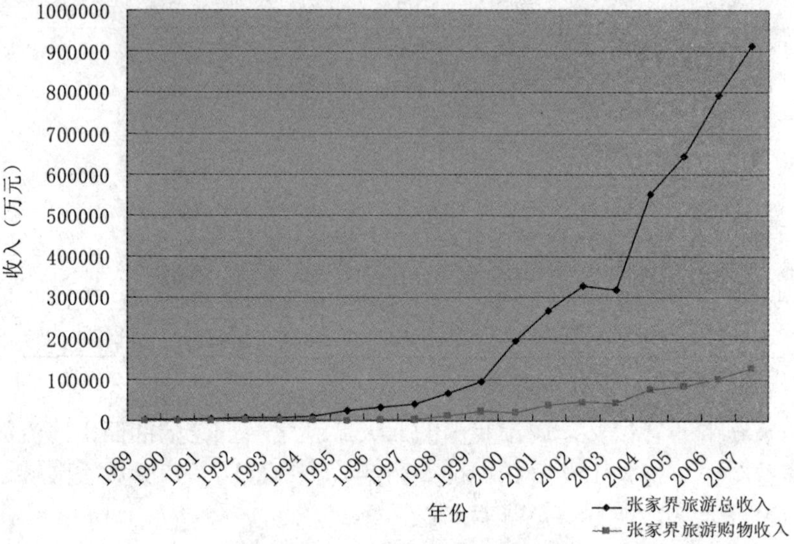

图4-6　张家界旅游购物收入和旅游总收入变化情况(1989－2007)

数据来源：张家界统计年鉴(2004－2008)

2000年起，张家界市委市政府着手实施旅游带动战略，加快了旅游商品开发步伐。随着旅游业的持续快速发展，张家界市的产业结构和旅游商品结构得以调整，旅游购物收入日益增加，旅游商品生产企业收入逐渐增高。截至2007年年底，全市旅游商品加工企业达到156家，其中具有一定规模企业33家；旅游商品生产企业实现销售收入15亿元、利税5404万元，旅游商品规模工业企业实现增加值5.6亿元，增长26%，研发出旅游商品新产品30多个。从旅游购物收入占旅游总收入的比例来看，2001年之前波动较大，表现为旅游总收入一直以较高的幅度增长，而旅游商品收入的增长速度没有呈现与旅游总收入相近的增长幅度。购物比例最高为1989年的26.7%和1999年的25.1%，多数时间维持在10%～20%之间。自2001年起，张家界旅游购物收入所占比例比较稳定的保持在13%～14%之间(图4-7)，显示随着旅游业的发展，张家界旅游购物市场发展逐渐趋于稳定成熟的现实。

注：15亩＝$1hm^2$

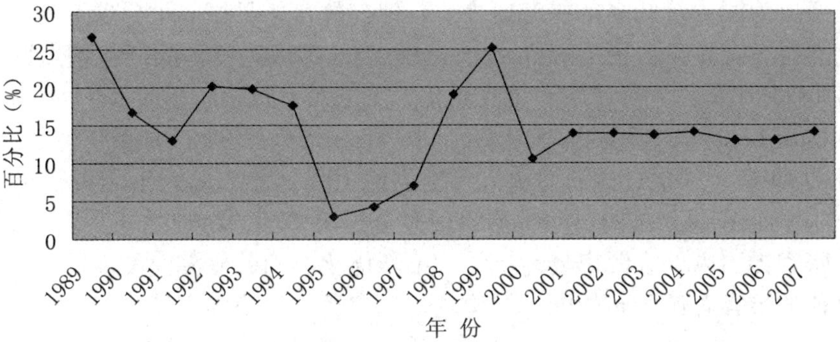

图 4-7　张家界旅游购物收入与百分比变化情况(1989 - 2007)

数据来源：张家界统计年鉴(2004 - 2008)

商品生产以中小企业为主，一定程度上带动了相关产业的发展，但企业研发能力仍然不足。旅游商品生产的发展带动了生产基地建设，据初步统计，张家界依托资源与生态优势，全市发展了反季节蔬菜、葛根、山野菜等旅游商品生产基地 16 万亩。其中葛根基地 4000 亩、红薯基地 10 万亩、反季节蔬菜基地 4 万亩、猴桃基地 500 亩、山野菜基地 1.45 万亩，大部分企业形成了“公司 + 基地 + 农户”的旅游商品开发模式。全市旅游商品企业所生产的产品品种由 2000 年的 80 余种增加到目前的 1500 余种，出现了砂石画、自然风光纪念章、山野菜系列、竹筒酒系列、葛根粉系列、织锦系列和旅游保健品等一批具有特色的本地旅游商品。张家界目前已经建成了两条旅游购物商业街(武陵源天子街和市区人民广场的商业步行街)，并形成了多层次的旅游商品销售体系，包括多家大型购物超市、画院、绣庄、酒店旅游商品部、旅游购物店、土特产连锁超市、土特产直销店、土特产专营店、景区旅游购物摊棚、旅游纪念品连锁店等，形成了较为完整的旅游商品销售体系，为不同需求的旅游者购买旅游商品提供了便利。但是，部分商品销售点管理不到位，假冒伪劣产品时有出现，商品价格虚高现象严重，高额索要回扣的情况仍然存在，市场秩序有待进一步提高。

第七节　旅游发展判断

张家界经过近 30 年的发展，已从一个默默无闻的山区变成一个在国内外知名度与日俱增的旅游胜地，在山岳型旅游目的地中，已经跻身国内一流旅游地之列，张家界已经是中国重要的旅游符号之一。

初步培育了国内外知名的旅游目的地品牌。旅游知名度不断提高，张家界已经成为国内最知名的旅游地之一，但与故宫、长城等世界遗产地的知晓度仍然有一定差距。游客接待人次持续增长。2007 年，全市各景点共接待游客 1878 万人次，实现旅游总收入 91. 25 亿元，其中门票收入 11. 12 亿元，分别增长 12. 1% 、15% 和 15. 9% 。2009 年，张家界全市游客接待量达到超纪录的 1900 万人次，旅游总收入首次突破 100 亿元，比上年分别增长 15% 和 20% 。张家界年接待游客人数已经是全国最多的旅游地之一。

张家界国内外客源市场地域结构不断优化。随着旅游业的发展，张家界市接待的游客客源分布的圈层结构越来越广泛。从境内市场分布来看，1990 年 90% 以上的国内游客来自周边省份和珠三角地区，到 2000 年，国内游客的来源地已经在国内广泛分布，张家界客源结构已经涵盖国内 30 个省、自治区或直辖市，客源分布非常广泛，这表明张家界已经成为一个具有全国影响力的旅游目的地。张家界入境旅游市场开发取得重要成绩，成为中国入境旅游市场中的一枝奇葩。1989 年，张家界接待入境游客仅 16846 人次，2005 年张家界全市接待入境游客 1287857 人次，成为全国最有影响的入境旅游目的地之一。自 2006 年开始，受多种外部原因的影响，虽然入境游客的增长有所放缓，张家界依然是全国最有影响的入境旅游目的地之一。

张家界基本建成符合市场需求的吸引物体系。经过多年发展，张家界已经基本建成以武陵源风景名胜区为吸引核心，以天门山、黄龙洞、宝峰湖、茅岩河漂流、土司城(土家风情园)、老院子、军声画院等景区景点为辅助吸引物的旅游吸引物体系，使来张家界的游客活动内容丰富，产品体验序列基本完善。正在不断完善的温泉度假设施、文化演艺项目等也在不断完善着张家界的旅游吸引物体系，使张家界的中心旅游目的地地位不断增强。

张家界现代旅游基础设施体系建设基本完善。经过二十多年发展，张家界已成为具有国际接待能力的旅游目的地。国内外大量游客的到来，带动了旅游产业和相关产业发展。张家界市旅游接待设施由最初的简陋、供不应求，开始形成一定规模，并向高档次、规范化发展。公路交通不断完善，铁路建设不断加强，航空交通地位不断提高。此外，围绕旅游发展，张家界在旅游金融、邮政、通讯、商业管理、治安保障、环保、建设等方面也取得了显著成就。

第五章
张家界旅游目的地空间区域发展分析

第一节　旅游目的地空间发展现状

张家界是我国改革开放后新兴的旅游目的地，经过近30年的发展，目前已经成为国内外知名的山岳型旅游目的地。张家界除了核心景区武陵源世界风景名胜区外，还环绕着30多个“卫星景区”。张家界核心景区常常是人满为患，尤其在黄金周期间更为突出；而同属行政范围内的贺龙纪念馆、九天洞等景区则相反（表5-1）。

表5-1　张家界重点旅游区“黄金周”旅游接待情况（2005－2007）

景区	2005 春节	2005 五·一	2005 十·一	2006 春节	2006 五·一	2006 十·一	2007 春节	2007 五·一	2007 十·一
接待总人次	65172	283782	303728	102821	385230	302706	160459	424039	569899
武陵源	37801	152989	183744	63549	217217	162351	105305	105305	213664
黄龙洞	11818	47064	40747	12505	36814	28038	12308	12308	37047
宝峰湖	8487	21888	21805	8225	22190	19453	9490	9490	15833
天门山	–	–	3355	2841	7314	11676	9080	9080	15763
茅岩河	–	16694	10271	2405	25530	10655	789	789	3258
土家风情园	2383	8776	8355	2866	5363	3704	5391	5391	8617
龙王洞	697	2774	3263	630	23853	9864	4409	4409	6537
秀华山馆	1111	4076	4824	1968	4467	4430	2013	2013	2721
普光寺	410	3248	2506	1249	1757	2132	584	584	1469
田家老院	45	560	–	–	–	–	–	–	1385
军声画院	741	2280	1708	2456	4781	3112	2130	2130	2100
九天洞	149	11356	6776	1207	10778	6351	321	321	4635

（续）

景区	2005 春节	2005 五·一	2005 十·一	2006 春节	2006 五·一	2006 十·一	2007 春节	2007 五·一	2007 十·一
贺龙纪念馆	72	1715	682	198	1108	396	277	277	–
天平山	–	1203	216	55	251	15	–	–	–
柳杨溪	–	–	–	128	399	129	–	–	487
苦竹河	–	–	4507	258	6580	4341	–	–	3501
五雷山	106	2044	2166	11	2150	14227	578	578	1604
江垭温泉	1352	4758	4742	2270	5042	3158	1265	1265	3918
索水漂流	–	447	1127	–	2367	586	–	–	1198
江垭平湖游	–	1910	2934	–	2142	9864	–	2025	3416
万福温泉	–	–	–	–	–	5793	6276	6276	8698
世外桃园	–	–	–	–	–	908	243	–	–
其他景点	–	–	–	–	5127	1523	–	–	3011

资料来源：张家界市统计年鉴，2009。

在表5-1可知，张家界的武陵源、黄龙洞、宝峰湖、龙王洞、茅岩河、天门山及土家风情园7个景区在过去的9个黄金周内，接待的游客量是名列张家界所有景区接待游客量的前七名，并且9个黄金周内所占市场份额一直比较稳定，总接待人次占到张家界总游客人次的90%左右，而其他20多个景点则在张家界旅游市场中的份额不足10%。通过以上的数据可以表明游客在张家界的游览范围基本上限制在一定的区域内。因此，这个区域的确定与划分是本研究进行张家界旅游碳足迹研究的重要地理基础。

第二节　张家界旅游目的地空间格局分析

一、调研与分析方法

对张家界旅游产业空间格局的研究，主要是对张家界地接旅行社的线路产品和导游服务两个方面进行研究。对于旅行社线路产品的研究是通过收集张家界地接旅行社的线路行程单，对线路中涉及的旅游景区进行统计，在统计中将天子山、黄石寨、金鞭溪等属于武陵源风景名胜区的二级景区都归纳为武陵源景区。

另外，对地陪导游采用访谈的方式进行，访谈的内容主要是除了旅行社的行程外，也包括导游经常为游客推荐的景区调研。

二、地接旅行社线路产品调查分析

截至2008年3月25日，张家界有旅行社65家，其中国际社18家，国内社47家。本研究对张家界的18家国际旅行社和22家国内旅行社，共计40家旅行社进行了调查。具体调查的旅行社名称及40家所经营的旅游线路表见5-2所示。很多旅行社把张家界旅游景区与长沙、湘西自治州等相邻区域的旅游景区放在一起进行线路组合。根据本研究的研究需要，本研究研究的区域范围限定在张家界行政范围内。因此，在研究中只摘取线路中位于张家界行政范围内的景区日程进行统计。与对所调查的40家旅行社所经营的线路进行汇总：共计经营旅游线路153条，其中一日游线路12条，二日游线路18条，三日游线路66条，四日游线路51条，五日游线路6条。一日游的主打线路是武陵源风景名胜区和天门山景区，仅湖南易程天下国际旅行社张家界有限公司推出天门山和土家风情园一日游线路。

表5-2　张家界旅行社线路产品调查表

编号	旅行社名称	一日游	二日游	三日游	四日游	五日游
1	湖南西部中国国际旅行社有限公司		★	★■	★■●	
2	张家界市中国旅行社有限责任公司			★■▲	★■☆	
3	张家界市锦华国际旅行社有限公司	★	★▲	★■、★▲、★□	★■、★▲	
4	张家界环球国际旅行社	◆	★	★■▲	★■▲●	★■▲●◆
5	张家界天马国际旅行社有限公司			★▲、★◆	★☆、★■※*	
6	张家界好地国际旅行社有限公司		★	★■		
7	张家界中国国际旅行社有限公司			★、	★■、★▲	
8	张家界康泰国际旅行社有限公司			★	★■	
9	张家界康辉国际旅行社有限公司			★■、★▲、★☆		

（续）

编号	旅行社名称	一日游	二日游	三日游	四日游	五日游
10	湖南湘中旅国际旅行社有限公司	◆		★◆、★	★◆▲、★◆■	
11	张家界湘西中旅国际旅行社有限公司			★■▲、★＊□	★■▲、★◆▲☆、	
12	张家界东升国际旅行社有限公司	◆		★■、★▲	★■◆、★▲◆	
13	张家界华宇国际旅行社有限公司			★、★■		
14	张家界冠君国际旅行社有限公司	◆	★●	★■、★▲	★☆、★■◆、★▲◆	
15	张家界海外国际旅行社有限公司	◆	★	★▲、★◆、★	★■、★▲、★▲◎、★▼▽◇☆、	★□※
16	湖南易程天下国际旅行社张家界有限公司	◆●	★■、★▲	★■、★▲※、★◆	★◆●⊙、★◆●	
17	张家界光明国际旅行社有限公司			★▲		★□※
18	湖南华天国旅张家界国际旅行社有限公司			★		
19	张家界运通国际旅行社有限公司	◆	★	★◆、★■、★▲	★■、★▲	
20	张家界新中旅国际旅行社有限公司	◆		★■、★▲	★■☆、★■◆、★▲◆	
21	张家界市青年旅行社有限公司		★	★□、★▲	★☆□	
22	张家界航空旅行社有限责任公司			★●、★■		
23	张家界中旅假日旅行社有限公司			★	★☆	
24	张家界招商旅行社有限责任公司				★◆、★■	
25	张家界友好旅行社有限公司			★□	★☆	
26	张家界中联旅行社有限公司			★■、★▲、★◆	★■◆	★■▲♀

（续）

编号	旅行社名称	一日游	二日游	三日游	四日游	五日游
27	张家界飞扬旅行社有限公司				★#	★#◆※
28	张家界阳光旅行社有限公司		★▲※	★※	★■	
29	张家界锦程假日旅行社有限公司		★	★■、★▲	★■▲、★■☆、★■◆	
30	湖南天园国旅张家界旅行社有限公司			★、★■、★▲、★◆	★■、★▲、★■◆	
31	张家界湘西青年旅行社有限公司	◆	★	★■		
32	张家界张之旅旅行社有限公司		★■、■☆			
33	湖南天马国旅张家界旅行社有限公司		★、★■	★■		
34	张家界春秋旅行社有限公司	◆		★■、★▲	★☆	
35	北京神舟国旅集团张家界旅行社有限公司	★	★	★■、★▲	★▼▽☆、★■※、*□、★■☆、★■◆●	
36	张家界天门山旅行社			★、★☆		
37	张家界交通旅行社有限公司				★■▲	★☆
38	张家界国家森林公园旅行社			★●、★◆、★■▲		
39	张家界武陵源青年旅行社有限公司			★		
40	张家界假日旅行社有限公司			★		
线路总计：153 条		12	18	66	51	6

（注：表中的各个符号代表一个景区，具体指代关系如下：武陵源★、天门山◆、黄龙洞■、宝峰湖▲、土家风情园●、茅岩河☆、龙王洞□、溇江漂流*、江垭温泉※、激流回旋◎、贺龙故居▼、苦竹寨▽、九天洞◇、秀华山馆⊙、普光禅寺♀、大庸府城#）

对表5-2中的所有旅游线路所涉及的景区进行简单统计（表5-3）。从表5-3中，发现40家旅行社的线路产品中所涉及的旅游景区有16个，它们分别是：武陵源、天门山、黄龙洞、宝峰湖、土家风情园、茅岩河、普光禅寺、龙王洞、澧江漂流、江娅温泉、激流回旋、贺龙故居、苦竹寨、九天洞、大庸府城及秀华山馆。

表5-3 张家界旅行社线路产品中涉及的旅游区统计

景区	武陵源 ★	黄龙洞 ■	宝峰湖 ▲	天门山 ◆	茅岩河 ☆	土家风情园 ●	江垭温泉 ※
次数	142	55	39	33	17	10	8
占所有线路数比例	92.80%	35.90%	25.50%	21.60%	11.10%	6.50%	5.20%
景区	澧江漂流 *	大庸府城 #	苦竹寨 ▽	贺龙故居 ▼	激流回旋 ◎	九天洞 ◇	普光禅寺 ♀
次数	2	2	2	2	1	1	1
占所有线路数比例	1.30%	1.30%	1.30%	1.30%	1.30%	0.70%	0.70%

从表5-2，表5-3可知，张家界地接旅行社线路中所涉及的16个景区，每个景区出现的频率不相同。武陵源风景名胜景区出现的频率最高，总共有142次，占92.8%，另外7.2%的没有武陵源风景名胜景区的线路都是以天门山景区为主打的一日游线路；可见张家界旅行社的所经营的旅游线路产品绝大部分是以武陵源风景名胜区为主打景区的。其次，在旅游线路中出现频率较高的景区有：黄龙洞出现了55次，占35.9%，宝峰湖出现39次，占25.5%，天门山出现33次，占21.6%，茅岩河出现17次，占11.1%，土家风情园出现10次，占6.5%，江垭温泉出现8次，占5.2%，龙王洞出现8次，占5.2%，其他景区出现次数百分比见表5-6。

本研究采用层次聚类分析法将受到旅行社相近关注度的旅游景区聚集在一起，然后根据实际情况对不同的类型旅游景区进行取舍，分析有哪些景区处于张家界旅游产业空间发展格局之内。具体运用类间平均链锁(Between-groups linkage)法，选择欧氏距离平方(Squared Eu clidean distance)法，用SPSS完成以上运算步骤，给出聚类分析结果的聚类谱系图(图5-1)。

图5-1表明，153条旅游线路所涉及的16个景区可分为3类：武陵源风景区为第一类；黄龙洞、宝峰湖、天门山为第二类；龙王洞、江垭温泉、土家风情园、贺龙故居、苦竹寨、九天洞、茅岩河、激流回旋、大庸府城、澧江漂流、秀华山馆及普光禅寺为第三类。

根据以上聚类分析结果，结合宝峰湖、黄龙洞、天门山的实际接待游客情况，张家界地接旅行社通过组织线路产品，形成的旅游产业空间格局范围

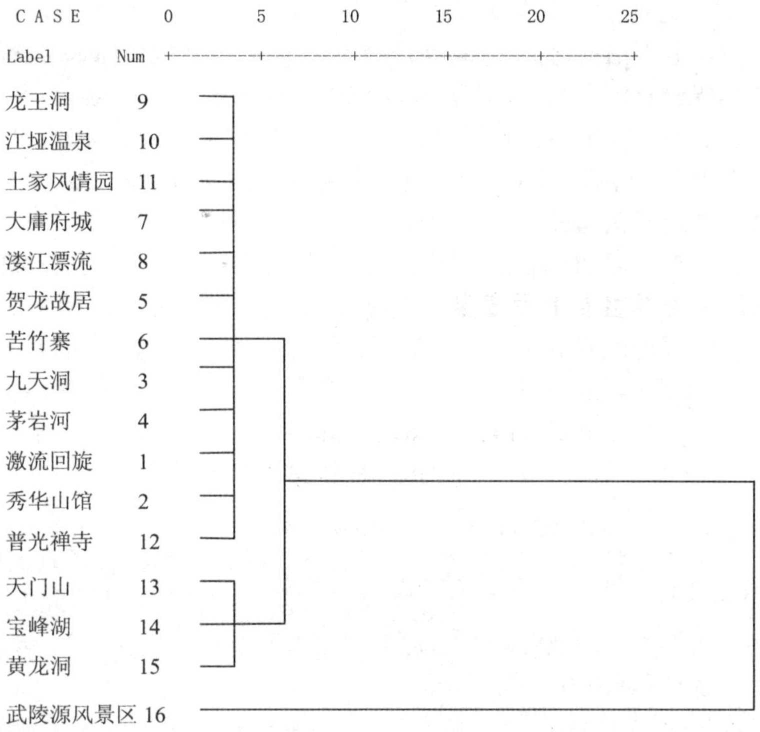

图 5-1　张家界地接旅行社的线路产品聚类谱系图

覆盖范围为武陵源风景区、天门山、宝峰湖、黄龙洞 4 个景区。

三、地接导游服务调查分析

从上文对张家界客源市场结构可知，参团游客占整个客源市场的 85% 以上。导游是游客认识目的地的引导者，因此对地接导游的服务进行调查分析，是对旅行社线路产品调查的必要补充。本研究对 50 位在张家界做地接工作的导游进行访谈，问及给客人讲解中除行程中的景点外，一般会给客人介绍行程外的什么景区时，多数导游表示，一般情况下更多地介绍行程内的景区、湘西的风土人情及在旅游车上就可以远眺到的名气比较大的天门山。

当问及在旅行社行程之外的增加景点的倾向时，50 位导游均表示只要时间允许且客人有意向，他们可能会向游客推销旅游者行程之外的景区，在预定行程外增加景点可以使游客的旅游内容更加丰富。虽然 50 位导游中有 42 位导游表示过去曾经顺利推销景区，但他们均表示能成功推销景区的机率非常低，因为在一般情况下旅行社都会把旅游者在目的地的行程安排得比较紧凑。

当问及导游一般向客人推销哪些景区时，所有导游都表示若是武陵源景区内的袁家界没有列在原定行程内时，他们会首选袁家界，除此之外世外桃源、激流回旋和土家风情园也是很好的选择。事实上导游所推销的景区是会经常进行调整的，主要依赖于景区返给导游的回扣多少，在 2005 年、2006 年时导游多推销龙王洞景区。

在上文分析中可知，张家界旅游产业空间格局范围主要由旅行社的线路行程来决定；导游服务并不能很大程度地影响张家界旅游产业空间格局。因此，张家界的旅游产业空间格局主要集中在武陵源风景名胜区、黄龙洞、宝峰湖、天门山 4 个景区。

第三节　旅游空间发展判断

据悉，张家界共有 12 个 A 级景区，其中 5A 级有武陵源风景名胜区 1 个；4A 级有 8 个，分别为黄龙洞、宝峰湖、天门山、茅岩河、九天洞、土家风情园、龙王洞、江垭温泉；3A 级景区仅有秀华山馆 1 个；2A 级景区有 2 个，分别为军声画院和紫霞观。

调查发现，4A 级景区中的龙王洞目前经营状况一般，主要采取低价策略与同一景观类型的黄龙洞竞争，而九天洞的经营则更差；江垭温泉景区为温泉度假村，游客承载容量非常有限，接待规模与接待人数均不高。另外，天门山景区自 2005 年开业以来，经过 2 年的发展，其在 2007 年、2008 年接待游客人次迅猛增加(表 5-4)。

综上所述，本书认为张家界旅游产业空间格局范围集中于武陵源区的武陵源风景名胜区、黄龙洞、宝峰湖和永定区的天门山四大景区。进一步分析得出，紫霞观景区虽然年接待人次较高，它的主要客源又确实是来自于旅行社，这主要与该景区的性质与经营模式有关，紫霞观是宗教场所，旅行社一般把这个景区划分到类似于购物的地方，不把其当作景区纳入行程线路。因此，本研究认为紫霞观可不纳入张家界旅游产业空间格局范围内。相反，天门山景区，知名度高、在旅行社的线路产品中也频频出现，并且 2007 年的旅游人次非常接近该级景区最低的接待人次，因此该景区在张家界旅游产业空间格局内。

表 5-4　张家界重点景区的年接待游客人次统计表(万人次)

景区	等级	2005 年	2006 年	2007 年	2008 年
武陵源	AAAAA	370.51	432.02	527	428
黄龙洞	AAAA	98.79	85.54	87.70	68.31
宝峰湖	AAAA	56.87	61.59	56.3	37.32
天门山	AAAA	6.02	30.28	48.22	43.34
茅岩河	AAAA	24.65	27.53	30.15	28.42
土家风情园	AAAA	24.54	26.88	31.80	23.78
秀华山馆	AAA	8.62	10.15	12.01	10.13
紫霞观	AA	41.52	34.16	23.95	20.96

资料来源：张家界市统计年鉴(2009)及实地访谈调研。

因此，张家界旅游产业空间格局在地理区位上分布为武陵源区与永定区两大区域，分为武陵源区的武陵源风景名胜区、黄龙洞、宝峰湖和永定区的天门山。目前，这两个区域尚还较为离散，主要通过旅游交通线路进行连接与调节(图 5-2)。

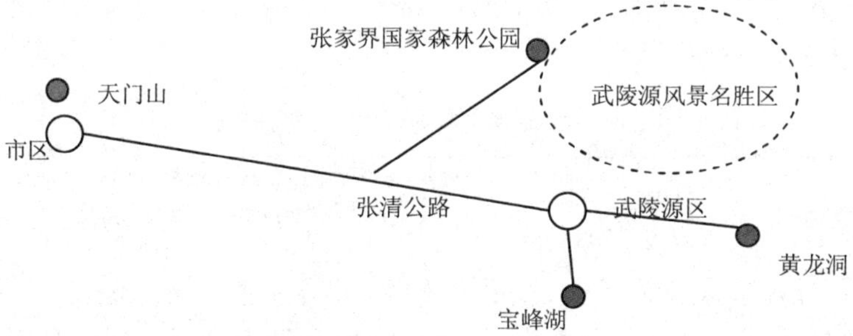

图 5-2　张家界旅游产业空间格局示意图

第六章
张家界旅游者碳足迹分析

第一节　张家界旅游者游览碳足迹分析

根据上文对张家界旅游产业空间格局的分析，得知张家界旅游产业空间格局在地理区位上分布为武陵源区与永定区两大区域，分为武陵源区的武陵源风景名胜区、黄龙洞、宝峰湖和永定区的天门山。因此，张家界旅游景区能源消耗数据的调研主要是针对旅游产业空间格局内的旅游数据调研而定，也包括武陵源风景名胜区内的黄石寨索道、天子山索道、百龙电梯和观光火车等景区内旅游交通设施（表6-1）。

表 6-1　张家界旅游者游览碳足迹计算

数据年份	单位	游客量（万人）	用电量（kWh）	汽油（l）	单位折算标准煤量（t）	游客人均 CO_2 量排放量（kg/p）	景区运营所产生的碳足迹量（kg）
2009	黄龙洞	64	1071428.6	0	131.6786	0.05267	33709.71
2009	紫霞观	20.198	3800	11390	12.7013	0.01610	3251.53
2009	天门山	46	2200000	0	270.3800	1.05047	69217.28
2009	宝峰湖	39	102666.67	0	12.6177	0.00828	3230.14
2009	武陵源	218.58	5754074.4	-	707.1757	0.08282	181036.99
2009	黄石寨索道（斜长973m）	106.35	314887.49	22363.64	62.7209	0.01510	16056.56
2008	天子山索道（斜长2084m）	164.58	1043742.4	34609.51	165.4508	0.02574	42355.40
2008	百龙电梯（高度326m）	98.57	97786.95	0	12.0180	0.00312	3076.61
2008	观光电车（长度5000m）	85.21	1296519.7	0	159.3423	0.04787	40791.62
总计							392725.85

资料来源：实地访谈调研与计算。

由表6-1可知，在游客人均二氧化碳排放量上，天门山国家森林公园首当其冲，为0.15047kg/p，其次为武陵源名胜区，为0.08282kg/p，再次为黄龙洞，为0.05267kg/p，另外，分别为观光电车(0.04787kg/p)，天子山索道(0.02574kg/p)，黄石寨索道(0.01510kg/p,)，宝峰湖(0.00828kg/p)和百龙电梯(0.00312kg/p)。

在张家界重点旅游区碳足迹上，产生的碳足迹量最多的是武陵源风景名胜区，达到181036.99kg，其次为天门山国家森林公园，为69217.28kg，再次为黄龙洞与宝峰湖旅游区，其碳足迹量分别为33709.71kg和3230.14kg。在旅游区交通运输方面，天子山索道产生的碳足迹量最大，达到42355.40kg，其次为观光电车，40791.62kg，再为黄石寨索道和百龙电梯，其碳足迹量分别为16056.56kg和3076.12kg。计算得知，整个张家界景区运营所产生的碳足迹总量为392725.85kg。具体请见表6-1所示。

第二节　张家界旅游者住宿、餐饮和娱乐碳足迹分析

20世纪80年代末期，欧洲首次出现"绿色酒店"概念。1995年，加拿大制定了世界上第一部酒店业《绿叶分级评定标准》。2003年2月20日，国家经贸委制定并颁布了绿色酒店国家行业标准《绿色酒店等级评定规定》；2003年3月1日，国家经贸委制定的《绿色酒店等级评定规定》国家行业标准正式实施。2006年，国家旅游局出台了中国首部绿色旅游酒店标准，细分绿色设计、能源管理、环境保护、降低物资消耗等五项内容，共300分。评分达到240分以上的酒店，可获得"金叶"级；达到180分的，可获得"银叶"级。酒店每平方米面积的年用电量达100~200kWh，是普通城市居民住宅楼用电水平的10多倍；一家三星级以上的酒店平均每个客人每天的耗水量在1t左右，而目前很多城市居民每人每月的用水量一般不会超过5t。

2006年年初，商务部、国家发展和改革委员会、国务院国有资产监督管理委员会、国家环境保护总局、国家旅游局、国家标准化管理委员会联合发布的"关于开展创建绿色酒店活动的通知"中，明确表示力争到2010年全国创建10000家绿色酒店。绿色酒店是指以可持续发展为理念，坚持清洁生产，倡导绿色消费，保护生态环境的酒店(LB/T007-2006)。酒店在经营和管理的过程中，发动酒店员工和宾客加入到环境保护的行列中，努力节约能源和资源，减少污染物的排放，以此来体现酒店企业的社会责任感。"让酒店成为绿色酒店，让酒店宾客成为绿色消费者"，这是现代酒店应当追求的一个目标。

从国家旅游局可知，2006 年我们国家共有五星级酒店 12751 家，增长速度在 7.8% 或者是 8% 左右，拥有客房数是 145.98 万间，增长了 5.6%；床位在 278.55 万张，增长 8.3%。从这样数据来看，星级饭店或者是酒店从利税方面是大户。2006 年中国酒店能源耗量，能源占其营业额的比例达到 6%~15%；全国三星级及以上星级饭店全年能源消耗量约 100 亿元。如果一个酒店营业额 1000 万元记的话，酒店能源费约 100 万元。我国酒店业每单位平米里面耗电量是大概为 165kWh 左右，比西欧国家高出 25%，并且呈不断上升趋势。酒店能耗消耗主要包括水、电、油、气、煤、材料等物质支撑酒店正常运行所需的能源的消耗。由于酒店对水、电、油、气、煤等能源物质的计算的差异，因此本书将在对酒店水、电、油、气、煤等能源物质实地调研的基础上，再转化为标准煤系数进行折算酒店所需要的总的标准煤数量，具体各类能源折算成标准煤的参考系数请见表 6-2。

2009 年 12 月至 2010 年 1 月，笔者对张家界重要酒店能源消耗进行了实地走访与访谈，重点对武陵源国际度假酒店、张家界国际酒店、祥龙国际酒店、华天大酒店、北斗星大酒店、武陵国际大酒店、武陵天子大酒店、武铁山庄、有色宾馆等星级酒店企业进行了调研。调研发现，不同酒店使用的能源方式有一定的差异，如武陵源国家度假酒店使用的能源主要为电与天然气，张家界国际大酒店则包括电、柴油、液化气、煤炭、天然气等能源，华天大酒店则主要使用电能。绝大部分三星级酒店则主要使用电能和柴油为主。笔者实地调研与访谈的酒店名称、星级、各种类型能源消耗量具体请见表 6-3。另外，在对各种能源转化为标准煤的基础上，分析了不同星级酒店能源消耗总量与酒店床位数、酒店年入住率为基础的单位住客能源消耗量的差异。

从表 6-2 可知，在考虑酒店星级、床位数、年入住率，以及各种能源消耗量转化为标准煤之后，不同星级酒店之间能源消耗总量和游客人均消费能源量具有显著差异。在张家界，居住五星级酒店游客的人均每天能源消耗量为 13.2990t/d · p，居住四星级酒店游客的人均每天能源消耗量为 9.4468t/d · p，居住三星级酒店游客的人均每天能源消耗量为 3.9562t/d · p，居住二星级酒店游客的人均每天能源消耗量为 1.2387t/d · p，居住星级以下酒店游客的人均每天能源消耗量为 0.5790t/d · p。

从表 6-3 可知，张家界旅游产业空间格局范围内主要包括永定区与武陵源区两大区域，其中五星级酒店 1 家，四星级酒店 5 家，三星级酒店 30 家，二星级酒店 8 家，星级以下宾馆旅社共 233 家。2008 年，在酒店能源消耗总量上，五星级酒店年二氧化碳排放量为 425510.79kg，四星级酒店年二氧

表 6-2　张家界重点调查酒店能源消耗量

数据年份	星级	单位名称	床位数	年入住率（%）	用电量（kWh）	汽油（l）	柴油（l）	液化气（kg）	煤炭（t）	天然气（m^3）	单位折算标准煤量（t）	游客人均每天能源消耗量（t/d·p）	游客人均每天CO_2量排放量（kg/d·p）
2009	5	武陵源国际度假酒店	856	40	2660650					652325	1662151	13. 2998	3. 4047
		平均值		40								13. 2998	3. 4047
2008	4	张家界国际大酒店	448	40	1662643		43678	11250	1004		627955	9. 6006	2. 4577
2008	4	蓝天大酒店	450	65	2411400		33284	8021			851252	7. 9733	2. 0412
2009	4	祥龙国际酒店	600	40	2229806		86178				855949	9. 7711	2. 5014
2008	4	通达国际酒店	538	45	2143437		124000	14587			908364	10. 2795	2. 6316
2009	4	华天大酒店	560	39	2342643						766044	9. 6097	2. 4601
		平均值		46								9. 4468	2. 4184
2008	3	天门山大酒店	280	40	35440	8108	43670	200	48		88152. 2	2. 1564	0. 5520
2008	3	中南民航旅游山庄	226	60	909406		40215				356548	7. 2039	1. 8442
2009	3	百丈峡大酒店	420	60	647887	792	68550	825			315303	3. 4279	0. 8776
2008	3	南航富利来大酒店	203	60	429600		8000				152250	3. 4247	0. 8767
2009	3	邮电公寓	240	60	216368		63166				163695	3. 1144	0. 7973

（续）

数据年份	星级	单位名称	床位数	年入住率（%）	用电量（kWh）	汽油（l）	柴油（l）	液化气（kg）	煤炭（t）	天然气（m^3）	单位折算标准煤量（t）	游客人均每天能源消耗量（t/d·p）	游客人均每天CO_2量排放量（kg/d·p）
2009	3	北斗星大酒店	198	80	255716	2200	88000	1957			219694	3. 7999	0. 9728
2008	3	顺世龙大酒店	189	60	580742		13000				209031	5. 0502	1. 2928
2008	3	武陵国际大酒店	292	60	575634		51498				264006	4. 1285	1. 0569
2008	3	土家风情园	104	40	120000			5760	1920		50485. 8	3. 3249	0. 8512
2009	3	武陵源天子大酒店	796	50	1200000	1667	75000				505207	3. 4777	0. 8903
		平均值		57								3. 9562	1. 0128
2008	2	三圆宾馆	92	50	47965. 2		2973				20059. 1	1. 1947	0. 3058
2008	2	教苑大酒店	110	40	63000						20601	1. 2828	0. 3284
		平均值		45								1. 2387	0. 3171
2008	星级以下	武铁山庄	80	45	6805. 44							0. 5179	0. 1326
2008	星级以下	有色山庄	80	40	7476. 8							0. 6401	0. 1639
		平均值		42. 5								0. 5790	0. 1482

资料来源：实地调研、企业访谈与计算。

化碳排放量为826713.08kg，三星级酒店年二氧化碳排放量为1562647.90kg，二星级酒店年二氧化碳排放量为52607.83kg，星级以下宾馆旅社年二氧化碳排放量为590651.47kg。总计张家界酒店2008年能源消耗所产生的二氧化碳排放量为3458131.07kg(表6-3)。

表6-3　张家界2008年酒店碳足迹计算

酒店	数量	床位数	永定区	武陵源区	平均入住率(%)	游客人均每天CO_2排放量(kg/d·p)	酒店年CO_2排放量(kg)
五星	1	856	0	856	40	3.4047	425510.79
四星	5	2036	1738	298	46	2.4184	826713.08
三星	30	7416	3288	4128	57	1.0128	1562647.90
二星	8	1010	257	753	45	0.3171	52607.83
一星	0	0	0	0	0	0	0
星级以下宾馆(客房数20间以下的旅馆未列入)	233	25687	12600	13087	42.50	0.1482	590651.47
总计	277	37005	17883	19122			3458131.07

注：五星级酒店为2009年数据。

根据对武陵源国际大酒店、逸臣华天大酒店、张家界国际大酒店、北斗星大酒店、天门山大酒店、百丈峡大酒店等张家界有代表性酒店的调研与访谈，以及结合相关旅游酒店管理与研究专家，酒店客房、餐饮与康乐的能源消耗比例关系约为40%、30%、30%。另外，在对张家界旅游餐饮与住宿业的调研中发现，张家界主要的餐饮、康乐主要集中于三星及以上酒店，二星及星级以下主要负担餐饮与客房(比例关系约为40%：60%)。因此，可以通过酒店碳足迹总量来分别计算其住宿(客房)、餐饮和娱乐(康乐)的碳足迹。2008年张家界酒店住宿、餐饮和娱乐的碳足迹请见表6-4。

从表6-4可知，在2008年，张家界游客住宿年二氧化碳排放量为1597006.44kg，张家界游客餐饮年二氧化碳排放量为1144316.33kg，张家界游客娱乐年二氧化碳排放量为716808.29kg。

表 6-4　2008 年张家界旅游住宿、餐饮和娱乐碳足迹计算

酒店	数量	床位数	平均入住率 P(%)	酒店年 CO_2 排放量 (kg)	游客住宿年 CO_2 排放量 (kg)	游客餐饮年 CO_2 排放量 (kg)	游客娱乐年 CO_2 排放量 (kg)
五星	1	856	40	425510.79	255306.47	170204.31	–
四星	5	2036	46	826713.08	330685.23	248013.92	248013.92
三星	30	7416	57	1562647.90	625059.16	468794.37	468794.37
二星	8	1010	45	52607.83	31564.70	21043.13	0
星级以下宾馆（客房数 20 间以下的旅馆未列入）	233	25687	42.50	590651.47	354390.88	236260.59	0
总计	277	37005		3458131.07	1597006.44	1144316.33	716808.29

注：五星级酒店为 2009 年数据。

第三节　张家界旅游者交通碳足迹分析

2007 年，由世界旅游组织、联合国环境规划署和世界气象组织共同举办的第二届气候变化与旅游国际会议在瑞士达沃斯开幕。这三家联合国组织在会议上公布的最新报告显示，2006 年世界各地接待游客 8.42 亿人次，到 2020 年将达到 15 亿人次。然而，旅游业是制造温室气体的大户，整个行业产生的温室气体占全球温室气体排放总量的 4% 至 6%，如果不采取措施，旅游业产生的温室气体在今后 30 年内可能增长 1.5 倍。

联合国世界旅游组织秘书长弗朗西斯科·弗朗加利(Francesco Frangialli)在会议上称，航空运输的增长是气候变化的一个重要原因。据世界旅游组织最新数据，2006 年有 8.42 亿人跨国旅游，其中 40% 的人是乘飞机，这大大增加了温室气候效应。现在，乘飞机旅行已成为温室气体排放增加最快的来源，份额占总排放量的 3%，预计到 2050 年会达到 7%。2000 年的国际旅行者有 6980 万，预计到 2010 年会达到 10180 万，到 2020 年将达到 16 亿，旅游业的繁荣使空中飞行次数急剧膨胀，这给全球变暖造成了巨大影响，反过来又影响到旅游业自身的发展。弗朗加利指出，发达国家温室气体减排上不作为将会给旅游业带来悲剧性的后果。世界旅游组织已经表示支持欧盟一项限制温室气体排放的计划。该计划提出在 2011 至 2012 年期间，欧盟将把航空排放纳入到减排范围，实施排放交易机制。这一措施可以促使航空企业向飞机制造商施压，敦促其制造更加省油的飞机。

欧盟探讨过各种政策建议，如燃油税、环境税、排放收费、排放交易等，最终放弃了征收燃油税等其他措施，而将航空运输业纳入欧盟废气排放权交易机制，利用市场机制控制航空污染。欧盟委员会在大量研究的基础上，于2006年11月20日抛出了它的航空减排方案。从2012年1月1日开始，航空公司须使所有欧盟内部的航班以及抵离欧盟机场的国际航班都必须达到所制定的排放标准，即到达欧盟机场和从欧盟机场出发的全部商业航班的排放，均应当纳入欧盟排放交易体系。2009年2月12日，新成立名为"the aviation global deal(AGD) group"的成员法航 - 荷航集团(airfrance-klm)、英国航空公司(british airways plc)、香港国泰航空有限公司(cathay pacifi cairways limited)、英国维珍大西洋航空公司(virgin atlantic airways ltd.)以及英国机场营运商BAA于香港举行首次亚太区会议后发表联合公报，呼吁为业界设立务实、公平及有效的环球政策方案，并为国际民用航空组织(ICAO)参与年底于哥本哈根的全球气候变化讨论作好准备。

国际航空运输协会(IATA)总干事兼首席执行官 Giovanni Bisignani 在哥本哈根联合国气候变化大会上说，2009年商用航空碳足迹将在2008年"接近"6.7亿吨二氧化碳排放量的基础上减少7%。全球经济衰退使排放量减少5%，而另外2%来自航空公司所采取的各种策略。减排的措施包括缩短航线、广泛采取燃油管理最佳实践及更有具效率的着陆方法。其中，2004年以来，国际航空运输协会采取的策略已减少7000万吨二氧化碳排放。

因此，通过上述对全球航空运输活动而导致释放的二氧化碳的分析可知，从客源地到旅游目的地以及回客源地的整个旅游行程中旅游交通作为重要的环节之一，对整个旅游活动的完成起着极其重要的作用，另外也对全球温室气体排放具有不可推卸的责任。

一、张家界外部交通碳排放估算

上文谈到的航空业对全球气候变暖的影响主要是客源地与目的地之间的外部交通的问题，也是碳排放量较多的一个方面。本书认为，可以根据到旅游目的地的旅游线路的安排，结合前文对不同交通方式、能源类型多产生的碳排放量的差异，计算出外部交通碳排放量。对境内重要客源地旅行社网站信息搜寻和访谈省内主要国际旅行社，了解不同区域居民来张家界旅游的行为过程，游客以张家界为主要旅游目的地的旅游线路列表，具体请见表6-5。以张家界为主要旅游目的地的旅游线路 CO_2 排放统计(表6-5)。

从表6-6可知，旅行过程中碳足迹最高的是欧美游客来张家界旅行的线路，达到928.9312kg，碳足迹最低的是从成都到张家界的双卧8日游，仅

表 6-5 游客以张家界为主要旅游目的地的旅游线路列表

序号	旅行社	出发地	交通	里程（km）	第一目的地	交通	里程（km）	第二目的地	交通	里程（km）	第三目的地	交通	里程（km）	第四目的地	交通	里程（km）	第五目的地	交通	里程（km）	第六目的地	交通	第七目的地
	直辖市																					
1	中国康辉	北京（双飞5日）	飞机 CA1359	1385	张家界森林公园	汽车	83.3	芙蓉镇	汽车	120	凤凰古城	汽车	446	韶山	汽车	17	花明楼	汽车	51.4	长沙	飞机	北京
2	中国康辉	北京（双飞5日）	飞机 KN2919	1385	张家界（中转）	汽车	83.3	芙蓉镇	汽车	120	凤凰古城	汽车	202	张家界森林公园	汽车	0	张家界市区	飞机	1385	北京		
3	中国康辉	北京（三卧9日）	火车 K267 次	1659	张家界（中转）	汽车	202	凤凰古城	汽车	202	张家界森林公园	火车 K507 次	685	贵阳（中转）	汽车	199	黄果树瀑布	火车 T88	2536	北京		
4	北青旅	北京（三卧9日）	火车 K267 次	1659	张家界森林公园	汽车	202	凤凰古城	汽车	202	张家界市区	火车 1473	681	柳州（中转）	汽车	169	桂林	火车 K22	2145	北京		
5	北青旅	北京（双卧7日）	火车 K267 次	1659	张家界森林公园	汽车	335	韶山	汽车	81.5	南岳衡山	汽车	109	长沙	火车 K186	1587	北京					
6	山川旅行社	天津（双飞5日）	飞机 BK2811	1353	长沙（市区游）	汽车	87.8	韶山	汽车	335	张家界森林公园	汽车	202	凤凰古城	汽车	432	长沙（购物）	飞机 BK2812	1353	天津		
7	深圳中国旅行社	深圳（双飞4日）	飞机 CZ3991	870	张家界（中转）	汽车	202	凤凰古城	汽车	120	芙蓉镇	汽车	83.3	张家界森林公园	汽车	0	张家界市区	飞机 CZ3992	870	深圳		
8	上海华东旅行社	上海（双飞5日）	飞机	1074	张家界（中转）	汽车	202	凤凰古城	汽车	202	张家界森林公园	飞机	1074	上海								
9	海外旅业	重庆（双飞4日）	飞机 PN6509	519	张家界森林公园、龙王洞	飞机 6510	519	重庆														
	东北区																					
10	哈尔滨康辉国旅	哈尔滨（四飞8日）	飞机 BK2822	1190	天津（中转）	飞机 BK2811	1353	长沙（中转）	汽车	321	张家界森林公园	火车	681	柳州（中转）	汽车	169	桂林（漓江、七星公园）	火车	548	长沙（自由活动）	飞机	天津（中转）哈尔滨
11	哈尔滨康辉国旅	哈尔滨（四飞6日）	飞机 BK2822	1190	天津（中转）	飞机 BK2813	0	张家界森林公园	汽车	202	凤凰古城	汽车	202	张家界市区	飞机	0	天津	飞机	1190	哈尔滨		

（续）

序号	旅行社	出发地	交通	里程（km）	第一目的地	交通	里程（km）	第二目的地	交通	里程（km）	第三目的地	交通	里程（km）	第四目的地	交通	里程（km）	第五目的地	交通	里程（km）	第六目的地	交通	第七目的地
12	吉林新华旅行社	长春（双飞8日）	飞机	2372	长沙（中转）	汽车	87.8	韶山	汽车	335	张家界森林公园	火车2011	681	柳州（中转）	汽车	169	桂林	火车2514	548	长沙	飞机	长春
13	沈阳华夏旅行社	沈阳（双飞5日）	飞机CZ3984	1956	张家界市区	汽车	0	张家界森林公园	汽车	0	张家界市区	飞机CZ3983	1956	沈阳								
	华中区																					
14	烟台康辉旅行社	青岛（双飞5日）	飞机CZ3984	1839	张家界森林公园	汽车	202	凤凰古城	汽车	120	芙蓉镇	汽车	83.3	张家界市区	飞机	1839	青岛					
15	河北康辉国旅	石家庄（三卧8日）	火车T5	1868	桂林	汽车	167	柳州（中转）	火车1474	681	张家界森林公园、黄龙洞	火车K268	1382	石家庄								
16	西安光大旅行社	西安（双飞5日）	飞机MU2345	0	张家界森林公园、黄龙洞	汽车	202	凤凰古城	汽车	202	张家界市区	飞机MU2346	0	西安								
17	西安光大旅行社	西安（单飞单卧5日）	火车K318	1409	长沙（岳麓书院）	汽车	87.8	韶山	汽车	335	张家界森林公园、黄龙洞	飞机	0	西安								
18	西安光大旅行社	西安（双卧7日）	火车	1047	武昌（中转）	汽车	414	韶山	汽车	181	常德（柳叶湖）	汽车	159	张家界森林公园	汽车	486	武汉（黄鹤楼）	火车K624	1047	西安		
19	山西友谊国旅	太原（双飞5日）	飞机HU7333	1174	长沙（岳麓书院）	汽车	87.8	韶山、花明楼	汽车	335	张家界森林公园	汽车	321	长沙（中转）	飞机HU7334	1174	太原					
20	山西友谊国旅	太原（双卧8日）	火车1165	1177	襄樊（中转）	火车1473	545	张家界森林公园	火车1258	301	宜昌（中转）	坐船	0	神龙架风景区	汽车	130	宜昌	火车1166	1421	太原		
21	河南中青旅	郑州（双卧5日）	火车1645	969	张家界森林公园	汽车	83.3	芙蓉镇	汽车	120	凤凰古城	汽车	202	张家界市区	火车1646	969	郑州					
22	成都光大国旅	成都（双卧8日）	火车K424	847	铜仁（中转）	汽车	60.7	凤凰古城	汽车	202	张家界森林公园	汽车	335	韶山	汽车	87.8	长沙（博物馆）	火车K580	1409	成都		

（续）

序号	旅行社	出发地	交通	里程（km）	第一目的地	交通	里程（km）	第二目的地	交通	里程（km）	第三目的地	交通	里程（km）	第四目的地	交通	里程（km）	第五目的地	交通	里程（km）	第六目的地	交通	第七目的地
23	成都光大国旅	成都（双飞5日）	飞机	695	张家界森林公园	汽车	202	凤凰古城	汽车	120	芙蓉镇	汽车	83.3	张家界市区	飞机	695	成都					
24	武汉旅行社	武昌（空调火车4日）	火车 D149	362	长沙（中转）	汽车	321	张家界森林公园	汽车	321	长沙	火车 D150	362	武昌								
25	武汉旅行社	汉口（汽卧5日）	汽车	487	张家界森林公园	汽车	202	凤凰古城	汽车	691	武汉											
26	江西海外旅游公司	南昌（单动5日）	火车 T147	419	长沙（中转）	汽车	321	张家界森林公园	汽车	83.3	芙蓉镇	汽车	120	凤凰古城	汽车	432	长沙（自由活动）	火车 D207	419	南昌		
27	安徽银通国旅	合肥（动车组5日）	火车 D3083	364	汉口（中转）	汽车	485	张家界森林公园	汽车	202	凤凰古城	汽车	459	武汉	火车 D3086	364	合肥					
	华南区																					
28	阳光假日	广州（双卧5日）	火车 N590	1103	张家界森林公园	汽车	202	凤凰古城	汽车	43.2	吉首（中转）	火车 N595	1198	广州								
29	广东旅游在线	广州（双飞4日）	飞机	890	张家界森林公园	汽车	202	凤凰古城	汽车	202	张家界市区	飞机	890	广州								
30	广西海外旅行社	南宁（双卧5日）	火车 2012	811	吉首	汽车	43.2	凤凰古城	汽车	202	张家界森林公园	火车 2011	936	南宁								
31	昆明康辉	昆明（双飞6日）	火车 K110	1095	怀化（中转）	汽车	94.6	凤凰古城	汽车	202	张家界森林公园	火车	228	怀化	火车	1095	昆明					
32	福州国旅	福州（双飞5日）	飞机 8L9980	675	长沙	汽车	321	张家界森林公园	汽车	202	凤凰古城	汽车	446	韶山	汽车	87.8	长沙	飞机 8L9979	675	福州		
33	杭州天缘国旅	杭州（双飞5日）	飞机	744	长沙（中转）	汽车	432	凤凰古城	汽车	202	张家界森林公园	汽车	321	长沙	飞机	744	杭州					
34	中国康辉南京国旅	南京（双飞5日）	飞机 CZ3926	863	张家界	汽车	202	凤凰古城	汽车	202	张家界森林公园	飞机 CZ3925	863	南京								
35	海南海口旅行社	海口（五日游）	飞机	1100	长沙	汽车	321	张家界森林公园，黄龙洞	汽车	408.8	韶山（花明楼）	汽车	87.8	长沙	飞机	1100	海口					

（续）

序号	旅行社	出发地	交通	里程（km）	第一目的地	交通	里程（km）	第二目的地	交通	里程（km）	第三目的地	交通	里程（km）	第四目的地	交通	里程（km）	第五目的地	交通	里程（km）	第六目的地	交通	第七目的地
	西部区																					
36	内蒙古中国国旅	呼市（双飞6日）	飞机	1487	长沙	汽车	87.8	韶山	汽车	446	凤凰古城	汽车	202	张家界森林公园	汽车	321	长沙	飞机	1487	呼市		
37	贵州中旅	贵阳（双卧4日）	火车1646	685	张家界森林公园	火车1645	685	贵阳														
38	宁夏国旅	银川（双卧双飞7日）	火车2587	806	西安（中转）	飞机	693	张家界森林公园	飞机	693	西安	火车2588	806	银川								
39	甘肃小草旅行社	兰州（双卧10日）	火车K862	1703	汉口（中转）	火车L3	382	长沙市区	汽车	87.8	韶山	汽车	335	张家界森林公园	汽车	485	汉口	火车K864	1703	兰州		
40	青海华远旅行社	西宁（双卧8日）	火车K622	1939	武昌（中转）	汽车	503	张家界龙王洞、土家表演	汽车	202	凤凰古城	汽车	202	张家界森林公园	汽车	503	武昌	火车K624	1939	西宁		
	境外																					
41	长沙华天国旅	日本	飞机	1396	上海	飞机	1074	张家界（森林公园、宝峰湖、黄龙洞、天门山）	汽车	202	凤凰古城	汽车	202	张家界	飞机	1074	上海	飞机	1396	日本		
42	长沙华天国旅	马来西亚	飞机	3277	长沙	汽车	432	凤凰	汽车	202	张家界（森林公园，天门山）	汽车	321	长沙	飞机	3277	马来西亚					
43	长沙海外旅业	台湾	飞机	2600	长沙	飞机	140	衡山	汽车	461	张家界（森林公园，黄龙洞）	汽车	202	凤凰古城	飞机	432	长沙	飞机	2600	台湾		
44	长沙华天国旅	韩国	飞机	2968	长沙	飞机	402	张家界														
44	长沙华天国旅	欧美	飞机	18000	北京	飞机	1887	桂林	汽车	800	凯里	汽车	350	凤凰	汽车	202	张家界	飞机	1385	北京	飞机	德国

资料来源：省外旅行社则根据各旅行社网站信息整理而成，省内旅行社则为实地调研而成。

表 6-6 以张家界为主要旅游目的地的旅游线路 CO_2 排放统计

序号	旅行社	出发地	飞行距离（km）	公路里程（km）	火车里程（km）	旅游线路排放的总的 CO_2 量（g）	目的地数（个）	各目的地共担的 CO_2 量（kg）
1	中国康辉	北京（双飞 5 日）	2770	717.7		404774.80	6	67.4625
2	中国康辉	北京（双飞 5 日）	2770	405.3		366037.20	3	122.0124
3	中国康辉	北京（三卧 9 日）		603	4880	377332.00	3	125.7773
4	北青旅	北京（三卧 9 日）		573	4485	349122.00	3	116.3740
5	北青旅	北京（双卧 7 日）		525.5	3246	266414.00	4	66.6035
6	山川旅行社	天津（双飞 5 日）	2706	1056.8		439527.20	4	109.8818
7	深圳中国旅行社	深圳（双飞 4 日）	1740	405.3		307777.20	3	102.5924
8	上海华东旅行社	上海（双飞 5 日）	2148	404		294968.00	2	147.4840
9	海外旅业	重庆（双飞 4 日）	1038			153624.00	1	153.6240
10	哈尔滨康辉国旅	哈尔滨（四飞 8 日）	5086	490	1229	716762.00	5	143.3524
11	哈尔滨康辉国旅	哈尔滨（四飞 6 日）	5296	404		653840.00	3	217.9467
12	吉林新华旅行社	长春（双飞 8 日）	4744	591.8	1229	690397.20	5	138.0794
13	沈阳华夏旅行社	沈阳（双飞 5 日）	3912			445968.00	1	445.9680
14	烟台康辉旅行社	青岛（双飞 5 日）	3678	405.3		469549.20	3	156.5164
15	河北康辉国旅	石家庄（三卧 8 日）		167	3931	264430.00	3	88.1433

（续）

序号	旅行社	出发地	飞行距离（km）	公路里程（km）	火车里程（km）	旅游线路排放的总的 CO_2 量（g）	目的地数（个）	各目的地共担的 CO_2 量（kg）
16	西安光大旅行社	西安（双飞 5 日）	1376	404		253744.00	2	126.8720
17	西安光大旅行社	西安（单飞单卧 5 日）	688	422.8	1409	241609.20	3	80.5364
18	西安光大旅行社	西安（双卧 7 日）		1240	2094	283588.00	4	70.8970
19	山西友谊国旅	太原（双飞 5 日）	2348	743.8		359903.20	4	89.9758
20	山西友谊国旅	太原（双卧 8 日）		130	3444	229648.00	4	57.4120
21	河南中青旅	郑州（双卧 5 日）		405.3	1938	170413.20	3	56.8044
22	成都光大国旅	成都（双卧 8 日）		685.5	2256	224874.00	4	56.2185
23	成都光大国旅	成都（双飞 5 日）	1390	405.3		255977.20	3	85.3257
24	武汉旅行社	武昌（空调火车 4 日）		642	724	124496.00	2	62.2480
25	武汉旅行社	汉口（汽卧 5 日）		1380		171120.00	2	85.5600
26	江西海外旅游公司	南昌（单动 5 日）		956.3	838	170537.20	4	42.6343
27	安徽银通国旅	合肥（动车组 5 日）		1146	728	187240.00	3	62.4133
28	阳光假日	广州（双卧 5 日）		245.2	2301	173066.80	2	86.5334
29	广东旅游在线	广州（双飞 4 日）	1780	404		313536.00	2	156.7680
30	广西海外旅行社	南宁（双卧 5 日）		245.2	1747	138718.80	3	46.2396
31	昆明康辉	昆明（双飞 6 日）		296.6	2418	186694.40	3	62.2315

（续）

序号	旅行社	出发地	飞行距离（km）	公路里程（km）	火车里程（km）	旅游线路排放的总的 CO_2 量（g）	目的地数（个）	各目的地共担的 CO_2 量（kg）
32	福州国旅	福州（双飞5日）	1350	1056.8		330843.20	4	82.7108
33	杭州天缘国旅	杭州（双飞5日）	1488	955		338644.00	3	112.8813
34	中国康辉南京国旅	南京（双飞5日）	1726	404		305544.00	2	152.7720
35	海南海口旅行社	海口（五日游）	2200	817.6		352182.40	3	117.3941
36	内蒙古中国国旅	呼市（双飞6日）	2974	1056.8		470079.20	4	117.5198
37	贵州中旅	贵阳（双卧4日）			1370	84940.00	1	84.9400
38	宁夏国旅	银川（双卧双飞7日）	1386		1612	305072.00	2	152.5360
39	甘肃小草旅行社	兰州（双卧10日）		907.8	3788	347423.20	4	86.8558
40	青海华远旅行社	西宁（双卧8日）		1410	3878	415276.00	3	138.4253
41	华天国旅	日本	4940	404		613256.00	3	204.4187
42	华天国旅	马来西亚	6554	955		865576.00	3	288.5253
43	海外旅业	台湾	5200	1255		748420.00	4	187.1050
44	华天国旅	韩国	4538	321		557136.00	2	278.5680
45	华天国旅	欧美	39272	1352		4644656.00	5	928.9312

表 6-7　以张家界为主要旅游目的地的旅游线路中各客源地 CO_2 排放量比较

区域	百分比（%）	游客人数（个）	张家界应承担的火车碳足迹量（kg）	张家界应承担的飞机碳足迹量（kg）	张家界应承担的汽车碳足迹量（kg）	张家界应承担的交通碳足迹总量(kg)	整个旅行火车所产生的碳足迹总量(kg)	整个旅行飞机所产生的碳足迹总量(kg)	整个旅行汽车所产生的碳足迹总量(kg)	整个旅行所产生的交通碳足迹总量(kg)
安徽	1. 91	32322	486. 30	0	51035. 01	51521. 31	1458. 91	0	153105. 04	154563. 94
北京	11. 75	198552	10434. 92	50043. 76	164957. 22	225435. 90	31304. 75	150131. 29	494871. 67	676307. 70
福建	3. 55	60027	13573. 02	1418. 83	65551. 55	80543. 40	54292. 08	5675. 32	262206. 21	322173. 61
甘肃	1. 64	27705	1626. 67	0	25988. 92	27615. 59	6506. 68	0	103955. 69	110462. 36
广东	9. 29	156995	4559. 57	74771. 20	77772. 85	157308. 22	9119. 14	149542. 40	155750. 30	314411. 85
广西	2. 19	36940	1275. 94	0	11938. 94	13307. 87	3827. 81	0	35909. 81	39737. 62
海南	0. 55	9235	3860. 23	0	10402. 95	14263. 17	11580. 68	0	31208. 85	42789. 52
河北	2. 46	41557	3376. 16	0	9561. 91	12938. 06	10128. 47	0	28685. 72	38814. 19
河南	1. 37	23087	924. 70	0	12892. 35	13817. 05	2774. 10	0	38677. 06	41451. 16
黑龙江	0. 55	9235	0	9292. 63	5140. 40	14433. 03	0	27877. 88	15421. 20	43299. 08
湖北	3. 55	60027	1261. 07	0	74549. 48	76033. 75	2522. 14	0	149322. 16	151844. 30
湖南	19. 13	323225	19444. 73	0	194447. 26	214449. 99	19444. 73	0	195005. 26	214449. 99
江苏	9. 29	156995	28048. 19	25194. 52	131080. 20	184322. 91	56096. 37	50389. 03	262160. 41	368645. 81
江西	2. 19	36940	438. 25	0	33341. 04	33965. 29	1752. 99	0	133550. 15	135303. 14
辽宁	1. 37	23087	0	51480. 32	0	51480. 32	0	51480. 32	0. 00	51480. 32
内蒙古	0. 82	13852	4502. 06	0	15127. 28	19629. 34	18008. 23	0	60509. 13	78517. 35

（续）

区域	百分比（%）	游客人数（个）	张家界应承担的火车碳足迹量（kg）	张家界应承担的飞机碳足迹量（kg）	张家界应承担的汽车碳足迹量（kg）	张家界应承担的交通碳足迹总量(kg)	整个旅行火车所产生的碳足迹总量(kg)	整个旅行飞机所产生的碳足迹总量(kg)	整个旅行汽车所产生的碳足迹总量(kg)	整个旅行所产生的交通碳足迹总量(kg)
青海	0.55	9235	0	5218.33	17940.53	23158.86	0	15654.99	53821.58	69476.57
山东	2.46	41557	1075.90	11667.64	23206.23	35949.77	3227.69	35002.93	69618.70	107849.32
山西	0.55	9235	492.98	0	1240.57	1733.55	1971.93	0	4962.27	6934.20
陕西	3.01	50792	401.70	9779.18	21204.15	31385.03	1606.81	39116.71	84816.60	125540.12
上海	9.02	152377	1397.12	50327.11	147997.89	199982.53	4191.37	150981.34	444254.07	599426.78
四川	1.91	32322	1030.71	2624.82	16619.76	20424.09	3092.14	7874.45	50008.07	60974.66
天津	2.46	41557	12004.64	4020.12	45381.84	61406.61	48018.54	16080.50	181527.38	245626.42
新疆	0.27	4617	0	5370.40	8970.25	14340.65	0	16111.21	26910.76	43021.96
云南	0.82	13852	692.24	0	5660.80	6353.04	2076.71	0.00	16982.41	19059.12
浙江	5.19	87732	3879.06	3690.80	88940.37	96510.23	11637.18	11072.39	266821.12	289530.70
重庆	2.19	36940	552.29	0	14679.82	15272.77	2761.45	0.00	73439.75	76201.21
台湾游客	8.59	17284	0	12807.44	22414.47	35221.91	0	51229.78	89657.87	140887.65
港澳地区	4.32	8686	0	2403.94	11264.29	13668.23	0	9615.75	45057.18	54672.93
韩国	79.63	160215	0	207210.87	106286.63	313497.50	0	414421.73	212573.26	626994.99
日本	2.85	5737	0	5384.75	3193.34	8578.09	0	16154.24	9580.03	25734.27
东南亚	2.27	4561	0	5679.63	6001.26	11680.89	0	17038.89	18003.79	35042.68
欧美	2.34	4705	0	21064.32	5258.56	26322.88	0	105321.61	26292.79	131614.41
总计		1891191	115338.43	559450.61	1430048.14	2106551.83	307400.90	1340772.76	3794666.27	5442839.93

为 56. 2185kg。

从表 6-7 可知，在 2008 年共有 1891191 人到张家界旅游的情况下，在对游客客源地市场细分确认的情况下，贯彻旅游碳足迹计算的服务认定、消费溯源、边界明确、区域共担、产业待定和可操作性原则，结合表 4-6，表 6-6，表 6-7 可以计算的出游客来张家界旅游过程的完成交通所产生的碳足迹总量为 5442839. 93kg，其中火车所产生的碳足迹总量为 307400. 90kg，飞机所产生的碳足迹总量为 1340772. 76kg，汽车所产生的碳足迹总量为 3794666. 27kg。针对于张家界作为旅游线路中最为重要的旅游目的地，结合前文所阐述的旅游碳足迹分配原则，张家界应承担的旅游交通碳足迹总量为 2106551. 83kg，其中火车所产生的碳足迹量为 115338. 43kg，飞机所产生的碳足迹量为 559450. 61kg，汽车所产生的碳足迹总量 1430048. 14kg(表 6-6)。

另外，根据同上方法，也可以计算得出旅游线路中其他主要旅游目的地的交通碳足迹量，如芙蓉镇为 180339. 90kg，长沙为 676274. 61kg，凤凰为 1082039. 38kg，韶山为 405764. 77kg，桂林为 45084. 97kg，武汉为 225424. 87kg，衡山为 90169. 95kg，常德为 45084. 97kg，怀化为 45084. 97kg，吉首为 45084. 97kg，北京为 45084. 97kg，上海为 45084. 97kg，柳州为 90169. 95kg，天津为 90169. 95kg，神农架为 45084. 97kg，宜昌为 45084. 97kg，凯里为 45084. 97kg(图 6-1)。各主要旅游目的地交通碳足迹量比例关系图请见图 6-2 所示。

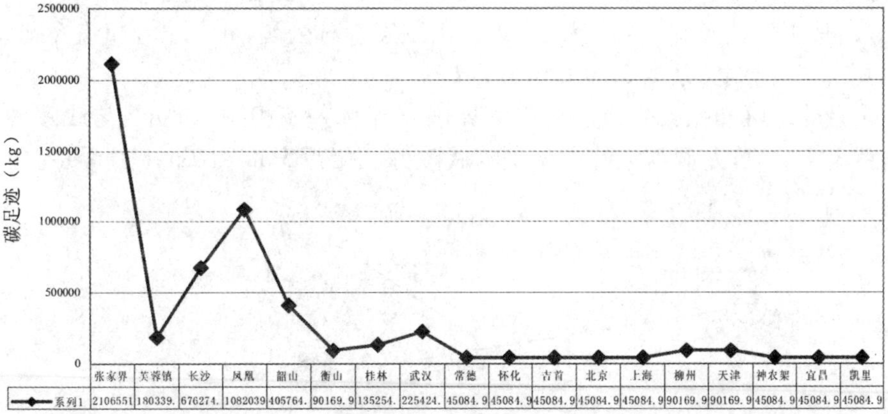

图 6-1　旅游线路中主要目的地交通碳足迹量

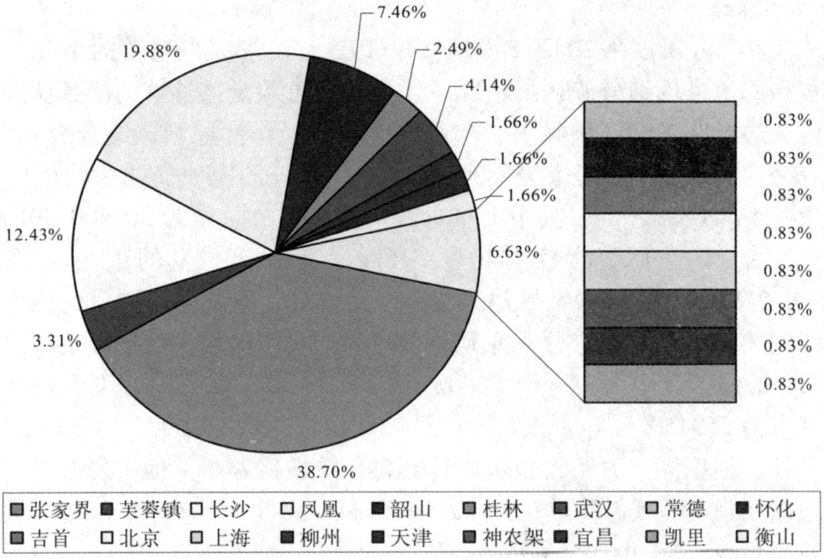

图 6-2　旅游线路中主要目的地交通碳足迹比例关系图

二、张家界内部交通碳排放估算

从客源地各个旅行社关于张家界旅游目的地的旅游线路可知(以 2009 年数据为例)，游客最为想去的旅游景区是张家界国家森林公园(218.58 万人)，其次为黄龙洞(64 万人)、天门山国家森林公园(46 万人)和宝峰湖(39 万人)，其比例关系为 5.6∶1.6∶1.2∶1。

另外，可知张家界市区与张家界国家森林公园相距 30km，与武陵源区相距 30km，黄龙洞与宝峰湖分别与武陵源区相距 5km 和 2km(图 6-3)。

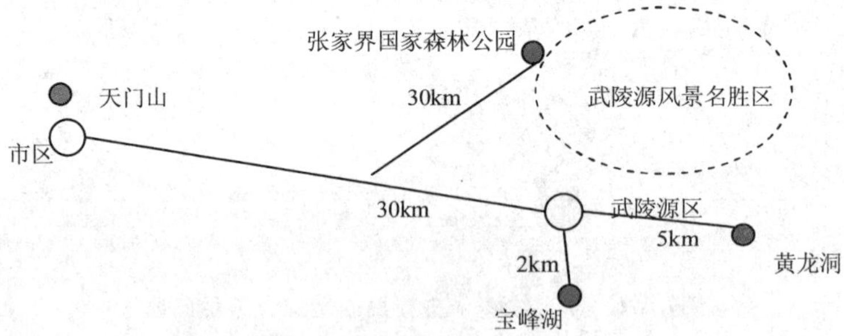

图 6-3　张家界重点景点位置示意图

游客从张家界市区到进张家界国家森林公园，然后从武陵源区吴家峪口出来，总汽车行程达到60km，而宝峰湖、黄龙洞相距武陵源区较近，来回行程为14km。考虑到张家界国家森林公园，黄龙洞和宝峰湖的接待游客数量比例关系为5.6∶1.6∶1，来计算黄龙洞和宝峰湖所应纳入的目的地景区连接交通里程数分别为2.222km和0.606km。因此，张家界景区连接交通里程62.828km。

内部交通人均碳足迹(kg) = 景区外部交通里程(km) × 燃料碳足迹系数(kg/km) (6－1)

内部交通总碳足迹(kg) = 内部交通人均碳碳足迹(kg) × 旅游总人数(个) (6－2)

通过公式6－1和公式6－2计算可得，

张家界内部交通人均碳足迹为0.26kg。

2008年张家界内部交通总碳足迹为491121.63kg。

其中，

张家界市区与张家界国家森林公园的交通碳足迹为234506.63kg；

张家界市区与武陵源区的交通碳足迹为234506.63kg；

黄龙洞与武陵源区的交通碳足迹为17370.86kg；

宝峰湖与武陵源区的交通碳足迹为4737.51kg。

第四节　张家界旅游者购物碳足迹分析

张家界因旅游立市，旅游商品产业伴随着旅游业的发展而发展。旅游商品生产由旅游开发初期的盲目自发、模仿生产到目前基本形成重视质量、注重品牌、积极创新的势头。2000年，张家界市旅游商品生产企业只有44家，全部为小作坊企业。2008年，全市旅游商品生产企业发展到156家，有规模企业37家，企业数增加3.5倍。全市旅游商品企业生产的产品品种由2000年的80余种增加到2008年近2000种。

目前旅游商品企业规模小、实力弱。全市旅游商品生产企业销售收入过100万元的有60多家，过5，000万元的仅3家，大多数企业是家庭作坊式的企业，没有建立起现代企业管理制度，企业缺乏长远规划。生产的产品大多是科技含量很低的初级终端产品，而且这些企业多是小而全，零而散[142]。

根据《张家界统计年鉴(2009)》，旅游购物收入从1989年的665.10万元增加到2008年的123566.24万元。旅游商品开发步伐不断加快，旅游商品质量和档次不断提高。如，桑植惊梦酒业开发的竹筒特制酒，填补了国内特制酒空白，军声画院的民俗风情砂石画、秀华山馆的微缩工艺品、九天食品的山野菜、金秋公司的“同一首葛”系列小吃、宏富食品的“老野葛”、市旅游商品研究院开发的元帅烟斗、蚕丝被等深受市场欢迎。

在2009年年底，笔者实地走访与电话访谈了张家界军声画院、秀华山馆、九天食品、金秋公司、宏富食品、圣帝酒业等张家界旅游商品生产龙头企业，了解能源消耗主要以电能为主，在旅游商品生产中的比重，从0.6%～2.5%不等。因此，考虑到游客主要购买的旅游商品，如“内宾团就是刀店、泡脚，泡脚就是卖中药材的、卖茶叶的、卖水晶的、卖土特产，外团就是珠宝啊、水晶、也有卖药”，再结合张家界旅游局与旅游商品研究专家的意见，认为“刀、珠宝”等旅游商品生产能耗占旅游商品收入比重2.5%较为适宜，土家服饰等旅游商品生产能耗占旅游商品收入比重为1.6%，以电能计算能源消耗量。另外，从《张家界统计年鉴(2009)》可查知，1989年张家界旅游总收入为2491万元，购物比重为26.7%，购物收入为665.10万元，到2008年张家界旅游总收入为834，907万元，购物比重为14.8%，购物收入为123，566.24万元。

从《张家界旅游统计年鉴(2009)》可知，随着张家界年旅游收入的增加，旅游购物收入占旅游业的比重逐步下降。在张家界旅游商品中，刀、珠宝等产值约占旅游购物比重40%，产生CO_2排放量为188438.51kg，土家服饰产值约占旅游购物比重15%，产生CO_2排放量为48847.28kg，旅游购物产生的总CO_2排放量为237285.79kg。这些数据表明，张家界旅游商品的生产在带给旅游者特色目的地旅游商品的同时，也显著地增加当地居民的劳动收入，但也反映了另外的一个事实，那就是整个区域环境的碳排放量的显著增加。如果考虑2008年张家界共接待游客1891191人，那么游客人均旅游购物碳足迹为，237285.79/1891191＝0.125kg。

表6-8　张家界旅游购物碳足迹分析计算

商品种类	产值约占旅游购物比重(%)	商品销售总收入(万元)	电能消耗占销售收入比重(%)	旅游购物生产电能消耗(kWh)	旅游商品生产CO_2排放量(kg)
刀、珠宝	40	49426.49	2.5	12356624	188438.51
土家服饰	15	18534.94	1.6	2965590	48847.28
中草药，土特产	45	55604.81	0	0	0.00
总计	100	123566.24			237285.79

注：商品销售收入，占旅游购物比重等相关数据来源于张家界市旅游局。

第五节　张家界旅游者碳足迹汇总

在旅游六要素中“游”的方面，整个张家界景区运营所产生的碳足迹总量为392725.85kg。在张家界重点旅游区碳足迹上，产生的碳足迹量最多的是武陵源风景名胜区，达到181036.99kg，其次为天门山国家森林公园，为69217.28kg，再次为黄龙洞与宝峰湖旅游区，其碳足迹量分别为33709.71kg和3230.14kg。在旅游区交通运输方面，天子山索道产生的碳足迹量最大，达到42355.40kg，其次为观光电车，40791.62kg，再为黄石寨索道和百龙电梯，其碳足迹量分别为16056.56kg和3076.12kg。如果根据地域范围内考虑，则黄石寨索道、天子山索道、百龙电梯的碳足迹量都应纳入武陵源风景名胜区碳足迹总量，其为283317.18kg。

在旅游六要素中“吃”的方面，张家界游客2008年年餐饮碳足迹总量为1597006.44kg。其中，五星级酒店餐饮碳足迹为255306.47kg，四星级酒店餐饮碳足迹为330685.23kg，三星级酒店餐饮碳足迹为625059.16kg，二星级酒店餐饮碳足迹为31564.70kg。

在旅游六要素中“住”的方面，张家界游客2008年年住宿碳足迹总量为1144316.33kg。其中，五星级酒店住宿碳足迹为170204.31kg，四星级酒店住宿碳足迹为248013.92kg，三星级酒店住宿碳足迹为468794.37kg，二星级酒店住宿碳足迹为21043.13kg。

在旅游六要素中“娱”的方面，张家界游客2008年年娱乐碳足迹总量为716808.29kg。四星级酒店娱乐碳足迹为248013.92kg，三星级酒店娱乐碳足迹为468794.37kg。因张家界唯一五星级酒店——张家界武陵国际度假酒店KTV包房装修，在2008年内未经营旅游娱乐业务，所以无法估算张家界五星级酒店娱乐碳足迹量。

在旅游六要素中“行”的方面，2008年张家界旅游交通碳足迹量包括目的地连接交通碳足迹和旅游目的地碳足迹两部分，总计为5933961.56kg。其一为游客来张家界旅游过程的完成交通所产生的碳足迹总量为5442839.93kg，其中火车所产生的碳足迹总量为307400.90kg，飞机所产生的碳足迹总量为1340772.76kg，汽车所产生的碳足迹总量为3794666.27kg。根据旅游目的地区域共担原则，张家界承担的客源地与目的地连接交通的碳足迹量为2106551.83kgkg，芙蓉镇为180339.90kg，长沙为676274.61kg，凤凰为1082039.38kg，韶山为405764.77kg，桂林为45084.97kg，武汉为225424.87kg，衡山为90169.95kg，常德为45084.97kg，怀化为

45084. 97kg，吉首为45084. 97kg，北京为45084. 97kg，上海为45084. 97kg，柳州为90169. 95kg，天津为90169. 95kg，神农架为45084. 97kg，宜昌为45084. 97kg，凯里为45084. 97kg。另外，张家界共担的旅游交通碳足迹总量中包括火车所产生的碳足迹量为115338. 43kg，飞机所产生的碳足迹量为559450. 61kg，汽车所产生的碳足迹总量1430048. 14kg。其二为张家界目的地内部交通碳足迹量为491121. 63kg。其中，张家界市区与张家界国家森林公园的交通碳足迹为234506. 63kg，张家界市区与武陵源区的交通碳足迹为234506. 63kg，黄龙洞与武陵源区的交通碳足迹为17370. 86kg，宝峰湖与武陵源区的交通碳足迹为4737. 51kg。

在旅游六要素中"购"的方面，整个张家界旅游购物生产所产生的碳足迹总量为237285. 79kg。

综上所述，2008年张家界旅游碳足迹总量为6685816. 16kg，约为6686吨。其中旅游交通碳足迹占38. 85%，旅游景区运营碳足迹占5. 87%，旅游餐饮碳足迹占17. 12%，旅游住宿碳足迹占23. 89%，旅游娱乐碳足迹占10. 72%，旅游购物碳足迹占3. 55%（图6-4）。

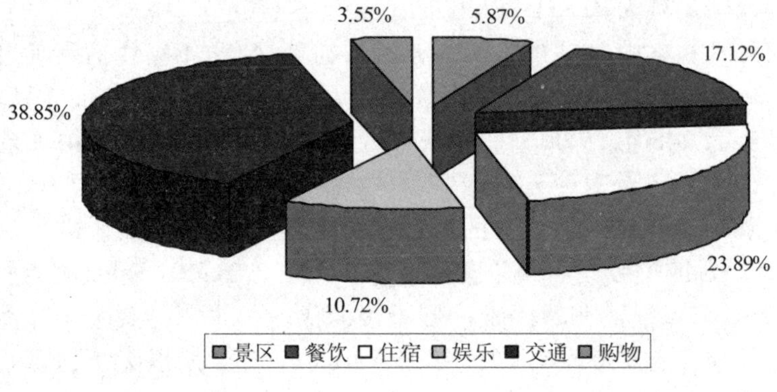

图6-4　2008年张家界旅游者碳足迹基本构成比例图

第六节　张家界旅游碳足迹空间分布研究

结合上文对张家界旅游"吃"、"住"、"行"、"游"、"购"和"娱"等方面碳足迹的分析，可得知张家界旅游客源地－目的地连接交通碳足迹空间分布图和张家界旅游目的地内部交通和旅游景区碳足迹空间分布图（图6-5，图6-6）。

从图6-5可知，张家界作为湖南旅游的龙头，长沙作为湖南省政治、经

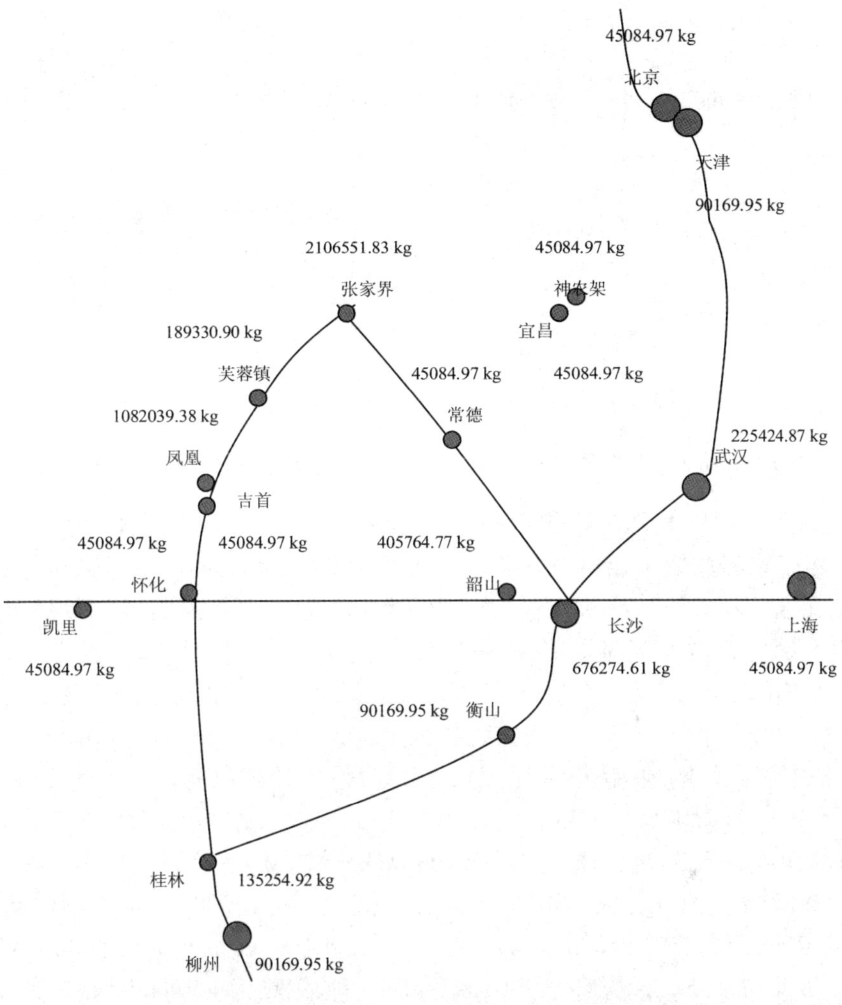

图 6-5　2008 年张家界旅游客源地—目的地连接交通碳足迹空间分布示意图

济与文化中心，两者在旅游空间联系上非常密切，而武汉作为我国中部地区重要的区域性城市，特别是与我国西部地区在交通上联系较为密切，成为西部地区省份游客进入湖南省甚至张家界旅游中的重要一环。凤凰古城作为全国富有南方边城特色的旅游目的地，正因为其旅游产品与张家界核心产品之间的差异化特色明显，日益受到国内外旅游者的欢迎。但是，张家界与其他重点旅游目的地的联系不够密切，尽管与广西桂林有一定的联系但仍然较弱，另外与贵阳、湖北、重庆等区域性旅游目的地的联系还尚未形成。因此，从旅游交通碳足迹量也可看出旅游目的地与周边旅游目的地的密切联系程度。

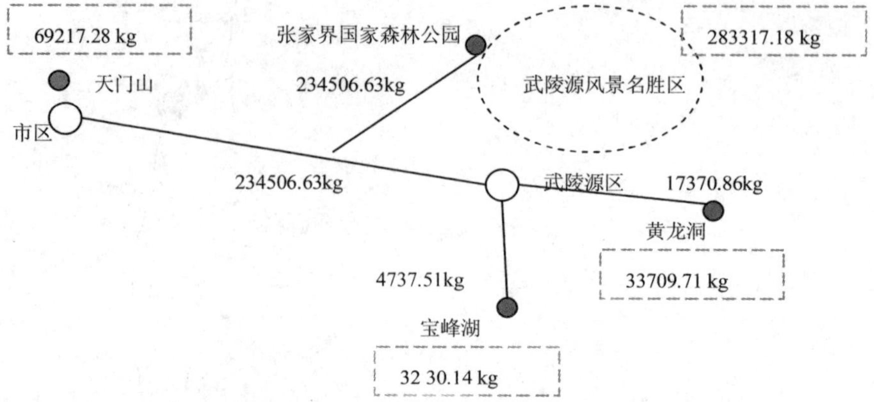

图 6-6　2008 年张家界旅游目的地内部交通与旅游景区碳足迹空间分布图

根据产品生命周期评价理论，结合旅游碳足迹计算原则，计算得出 2008 年张家界旅游碳足迹总量为 6685816. 16kg，约为 6686 吨。其中旅游交通碳足迹为 2597673. 46kg，占 38. 85%，旅游景区运营碳足迹为 392725. 85kg，占 5. 87%，旅游餐饮碳足迹为 1144316. 33kg，占 17. 12%，旅游住宿碳足迹为 1597006. 44kg，占 23. 89%，旅游娱乐碳足迹为 716808. 29kg，占 10. 72%，旅游购物碳足迹为 237285. 79kg，占 3. 55%。

根据旅游目的地区域共担原则，张家界承担的客源地与目的地连接交通的碳足迹量为 2106551. 83kg，芙蓉镇为 180339. 90kg，长沙为 676274. 61kg，凤凰为 1082039. 38kg，韶山为 405764. 77kg，桂林为 45084. 97kg，武汉为 225424. 87kg，衡山为 90169. 95kg，常德为 45084. 97kg，怀化为 45084. 97kg，吉首为 45084. 97kg，北京为 45084. 97kg，上海为 45084. 97kg，柳州为 90169. 95kg，天津为 90169. 95kg，神农架为 45084. 97kg，宜昌为 45084. 97kg，凯里为 45084. 97kg。

第七节　低碳旅游发展实践策略

一、使用清洁能源交通，减少张家界区域内部交通碳足迹

从前文分析可知，2008 年张家界内部交通总碳足迹为 491121. 63kg。其中，张家界市区与张家界国家森林公园的交通碳足迹为 234506. 63kg；张家界市区与武陵源区的交通碳足迹为 234506. 63kg；黄龙洞与武陵源区的交通碳足迹为 17370. 86kg；宝峰湖与武陵源区的交通碳足迹为 4737. 51kg。张家

界内部交通人均碳足迹为 0. 26kg。

历史上，交通能源动力系统变革一直处于技术革命和经济转型的核心位置。19 世纪，煤和蒸汽机火车引发了欧洲的工业革命，开创了人类的工业经济和工业文明；20 世纪，石油和内燃机汽车促成了美国的经济腾飞，把人类带入了基于石油的经济体系与物质繁荣，也带来了能源环境的巨大挑战。进入 21 世纪，以替代燃料和混合动力为代表的各种新型汽车能源动力技术迅猛发展，相互竞争，引发了一场新的技术变革，预示着人类将要进入后石油时代过渡期和能源动力技术创新突破的机遇期。

基于我国汽车能源动力系统面临的挑战与机遇，以及张家界旅游产业的发展现状，本研究认为张家界旅游内部交通可以在现有汽车能源动力系统的基础上，逐步采用新型汽车能源动力系统，选择一种“过渡”和“转型”并行互动、协调发展的旅游交通工具战略，制定相关鼓励使用新型能源交通发展的举措，大力采用新型能源交通工具，减少张家界旅游区域内部交通碳足迹量。

二、设立能源强度目标，强化张家界为核心的区域旅游合作

从前文分析可知，在 2008 年 1891191 人到张家界旅游的情况下，游客来张家界旅游过程的完成交通所产生的碳足迹总量为 5442839. 93kg，其中火车所产生的碳足迹总量为 307400. 90kg，飞机所产生的碳足迹总量为 1340772. 76kg，汽车所产生的碳足迹总量为 3794666. 27kg。其中，张家界应承担的交通碳足迹量为 2106551. 83kg，占整个旅游所产生交通碳足迹量的 38. 70% 。

能源强度，亦称单位产值能耗，是指一个国家或地区、部门或行业单位产值一定时间内消耗的能源量，通常以 t(或 kg)油当量(或煤当量)/美元来表示。就减少碳排放来说，中国的碳强度目标与发达国家减少碳排放的承诺目标是一致的。但是，二者之间还是有区别的。发达国家是减少碳排放的绝对量，与 GDP 增长没有直接关系。而中国碳强度目标与 GDP 直接相关，达到某个碳强度目标，可以通过做小碳排放，或做大 GDP，或两者都做，GDP 是一个直接变量。因此，中国的低碳经济发展是有前提的，是以保证现阶段经济 GDP 增长为前提。所以，碳强度目标是一个碳排放相对量的减少，实际上是减少碳排放的增量。

随着人们可支配收入的提高和休闲时间的增多，民众外出旅游动机将更为强烈，旅游需求将会迅猛增长，但是在现有航空、火车和长途汽车等交通工具减排技术制约的情况下，游客从客源地到旅游目的地再回到客源地的过

程中，旅行交通工具产生的碳足迹减少或者增量减缓的难度很大。例如，重庆海外旅行、沈阳华夏旅行社、华天国旅(韩国)来张家界旅游线路排放的总碳足迹量分别为 153624. 00g，445968. 00g 和 557136. 00g，但是旅游线路中涉及到的旅游目的地为 1 或 2 个。因此，现有交通减排技术的条件下，提高能源强度或碳强度，在现有长沙—韶山—张家界—凤凰旅游线路的背景下，强化以张家界为核心的，周边旅游目的地的合作是提供张家界旅游碳强度的有效方法。

三、适度发展自驾车旅游，鼓励采用低碳旅游出行工具

自驾车旅游是近年来出现的一种出游方式，这种时尚的出游方式一经形成，便以不可阻挡之势而为人们所接受，并且构成了旅游活动过程中的一道独特的景观。

根据国外的经验，人均 1000 美元代表汽车进入家庭消费的开始，2006 年我国人均 GDP 已经超过 2000 美元。至 2006 年年底，我国部分城市居民的人均 GDP，像北京、杭州超过 6000 美元，上海、广州、苏州、无锡已接近 8000 美元，宁波、大连、天津已超过 5000 美元，青岛、南京已接近 5000 美元，深圳已达到 8815 美元。另外，在我国城市居民人均可支配收入排在前 10 位的城市中，中等收入者(年收入在 6 万到 50 万元之间的社会群体)已超过 10%，住房、汽车、出国旅游已经成为这些地区的消费热点。照此推断，可以说我国已进入私人汽车消费快速增长的时期。

从张家界市旅游局调查可知，2006 年张家界全市共接待自驾车 26188 辆，到 2008 年张家界全市共接待自驾车 37900 辆，自驾车旅游者为 113700 人，其中武陵源核心景区接待自驾车旅游者为 24000 人。两外，张家界 2007 年“五一”黄金周接待自驾车旅游游客近 20000 车次，约 6. 8 万人；“十一”黄金周接待自驾车旅游游客近 10000 车次，约 3. 9 万人。目前，张家界自助游客除本省游客外，主要来自广东、湖北、重庆、贵州、四川、江西、上海等地。

本书认为，尽管自驾车旅游给居民出游提供了便利和相对较强的自主性和自由性，可是自驾车旅游均来自经济较为发到的省份，如广东、上海、重庆、湖北等，这些游客自驾车从客源地到目的地过程再回到客源地的过程中，相对于火车消耗更多的化石燃料，产生更多的碳足迹。因此，本研究认为张家界市人民政府和张家界旅游行政管理部门应该适当控制现有自驾车旅游发展政策支撑体系，适度发展自驾车旅游。

四、尽快编制旅游卫星账户，采用多种方法分析旅游碳足迹

通过文献分析法发现，在研究理论上，生命周期评价理论较为适合于由下而上评价微观或中观经济系统温室气体排放的研究，投入—产出理论较为适用于由上而下评价宏观尺度经济系统温室气体排放的研究。

20 世纪 90 年代初，世界贸易组织（WTO）和经济开发合作组织（OECD）就旅游业对社会经济重要性作了大量的研究工作，着力解决了如何描述旅游经济以及如何测度旅游对经济的影响等难题，这对后来卫星账户的设立起了重要的作用。WTO、OECD、欧共体统计局（Eurostat）和联合国统计司进行编制“旅游卫星账户：推荐框架”，2000 年 3 月统计委员会批准采纳该统计框架。旅游卫星账户为政策制定者提供了对旅游部门的概览，以及与其他经济部门的比较。事实证明，地理特征突出的旅游卫星账户有着明显的价值。省级、地区级旅游卫星账户在旅游卫星账户的基础上，通过对各省、地区的旅游花费、GDP 和就业，来测算各省、地区旅游经济的重要性，其分析结果对和旅游相关的企业、地区性旅游行政管理部门和金融机构制定旅游战略和政策更有意义。

因此，本书认为，在对张家界旅游者碳足迹研究的基础上，深化对旅游产业、旅游经济碳足迹的研究，了解张家界旅游经济对张家界 GDP 的贡献率和张家界因旅游而产生的碳足迹量，从而以产业或经济的视角来分析张家界旅游碳足迹的主要问题或环节，更具针对性地制定旅游产业节能减排和低碳旅游发展激励政策。

五、充分利用现有酒店设施，推进旅游景区、酒店业节能减排

截至 2008 年底，张家界市星级饭店 57 家，客房 6417 间，提供 12777 张床位。其中，五星级 1 家，提供 856 张床位；四星级 5 家，提供 2334 张床位；三星级 38 家，提供 7875 张床位；二星级 12 家，提供 1634 张床位；一星级 1 家，提供 78 张床位。目前还有 4 家饭店正在申报评星。其他未评星级的社会旅馆和宾馆 230 多家，床位数达到了 3.2 万张。对酒店业管理人士访谈得知，2008 年张家界酒店客房入住率为 40%～57% 之间，众多酒店经营状况较为困难，很多酒店在 11 月至次年 3 月份闭门歇业。另外，众多投资商兴建酒店、宾馆等住宿设施，造成整个张家界酒店床位供过于求，增加了酒店之间的恶性竞争。同时，由于酒店业的入住率低，但是酒店的所需使用能源并没有相应地减少，造成了能源的浪费和张家界酒店碳足迹的增加。如，华天大酒店，2009 年入住率为 39%，用电量为 2342643kWh，用水

量为 40210t，而 2008 年入住率为 80%，用电量为 2296110kWh，用水量为 34097t。

增加经济型酒店比重。在考虑酒店星级、床位数、年入住率以及各种能源消耗量转化为标准煤之后，不同星级酒店之间能源消耗总量和游客人均消费能源量具有显著差异。在张家界，居住五星级酒店游客的人均每天能源消耗量为 13.2990t/d · p，居住四星级酒店游客的人均每天能源消耗量为 9.4468t/d · p，居住三星级酒店游客的人均每天能源消耗量为 3.9562t/d · p，居住二星级酒店游客的人均每天能源消耗量为 1.2387t/d · p，居住星级以下酒店游客的人均每天能源消耗量为 0.5790t/d · p。可知，随着酒店星级的提高，酒店碳足迹则显著增加。因此，张家界酒店业的当务之急并不是兴建多少星级酒店，而应该在考虑客源市场规模、游客住店需求的情况下，考虑对部分酒店适当改造为经济型酒店，这样张家界旅游酒店碳足迹量则为显著降低。

推进酒店节能环保措施。根据国务院于2009 年年底颁布的《关于加快发展旅游业的意见》的相关规定，实施旅游节能节水减排工程。支持宾馆饭店、景区景点、乡村旅游经营户和其他旅游经营单位积极利用新能源新材料，广泛运用节能节水减排技术，实行合同能源管理，实施高效照明改造，减少温室气体排放，积极发展循环经济，创建绿色环保企业。另外，参照长沙等大城市对六小件有偿提供的做法，张家界旅游饭店协会应逐步建立相关政策或协议，有计划逐步地取消免费提供六小件的做法，“因为第一这还是有利于环保；再一个酒店每年付出这方面的费用，负担还是挺重的。”另外，酒店能源消耗应该与酒店员工考核结合在一起，一年制定一个总额，员工分月分摊，与员工工资、奖金、绩效等挂钩，提高员工节约能源的积极性与主动性。

给酒店颁发低碳饭店标志。尽管我国目前已经有绿色饭店的国家规范，部分省、市、自治区也制定了生态饭店、绿色建筑等地方标准，这些规范和标准的推广确实在一定程度上促进了旅游饭店的节能减排，但这些规范与标准并非强制性要求，因此酒店在节能减排上将大打折扣。张家界旅游管理部门应该针对张家界旅游市场、地理特征、能源消耗、节能措施等因素的综合考虑，对酒店能源消耗进行考量，制定张家界旅游酒店能源管理办法，对符合管理办法的酒店颁发低碳酒店标志，争取在地方规范的基础上成为低碳饭店的全国标准。

六、倡导游客绿色健康体验，规范游客旅游行为

据对张家界武陵源世界自然遗产游客的环境态度与环境行为分析得知，从游客环境态度上看，武陵源世界自然遗产地游客可以划分为生态观光游客，占27.9%，生态旅游者，占72.1%，表明来武陵源世界自然遗产地游览的游客整体环境态度较高，具有较好的生态环境保护意识；从游客环境行为上看，武陵源世界自然遗产地游客可以划分为环境友好型和环境破坏型两类，两者分别为47.1%和52.9%，表明来武陵源世界自然遗产地游览的游客中超半数表现为不友好的环境行为；从旅游市场结构上看，武陵源世界自然遗产地游客可以划分为友好型生态观光群、破坏型生态观光群、真实型生态旅游群、偶尔型生态旅游群、可持续旅游群和伪生态旅游群6类。其中，可持续旅游群仅占28.2%，生态观光群高达56.6%，中间型(偶尔型生态旅游者)为15.2%。武陵源世界自然遗产地的旅游市场仍然是一般生态观光旅游为主，生态旅游为辅的格局。因此，以上研究结论说明，来张家界游览的游客整体环境知识有待提高，景区环境行为有待改善。

倡导旅游发展的"绿色"政策导向。绿色旅游能够体现旅游的文化功能，满足人们回归自然，亲近自然的需求，旅游者入住绿色接待设施、享受生态和环境保护的优越感。在高品位、富有内涵的景区生态审美和参与活动中，旅游者得到潜移默化的影响，引起旅游者生活方式、价值观念的转变，最终导致生态、绿色、环保概念在人类社会的普遍认同，促进社会的进步。积极倡导绿色旅游、环保旅游，开展"绿色"系列活动，如进行创优、绿色认证、评级活动与典型示范活动。开展典型示范活动，引导生态旅游健康发展。开展可持续旅游的试点示范工作，树立生态旅游示范点。深入开展创建"绿色饭店"、"绿色餐馆"、"绿色景区"和"绿色经营"的活动，引导旅游企业开展生态旅游认证，实施景区的"绿色管理"。

加强游客行为引导与控制。自2007年党的十七大报告首次将生态文明写进党代会报告，标志着科学发展、和谐发展理念的一次升华。生态文明是人类文明的一种形态，它以尊重和维护自然为前提，以人与人、人与自然、人与社会和谐共生为宗旨，以建立可持续的生产方式和消费方式为内涵，以引导人们走上持续、和谐的发展道路为着眼点，生态文明强调人的自觉与自律，强调人与自然环境的相互依存、相互促进、共处共荣，既追求人与生态的和谐，也追求人与人的和谐，而且人与人的和谐是人与自然和谐的前提。2008年，张家界国家森林公园被国家林业局、教育部、共青团中央联合授予"国家生态文明教育基地"称号，张家界作为中国第一个国家森林公园、

世界自然遗产、世界地质公园、国家5A级景区，其应该成为我国生态文明宣传的窗口。因此，深入开展控制旅游影响的宣传与教育，逐步形成文明旅游、健康旅游的社会氛围，促进全民族文明旅游意识和生态环境保护意识的提高。激发人们保护环境的意识，使游客在参与旅游的活动中，自觉将自己的旅游行为与环境保护结合起来，不能为了短期利益而破坏可持续发展。

七、深化旅游产业能耗认识，树立低碳旅游发展观念

在前文中对旅游碳足迹进行定义与分类时就提到，旅游碳足迹涉及到，旅游者碳足迹（tourist carbon footprint），旅游产业碳足迹（tourism carbon footprint）和旅游经济碳足迹（tourism capital carbon footprint）。在现有旅游碳足迹还尚处于起步的研究阶段，本研究根据旅游目的地相关旅游能源消耗数据获取的难易程度，以张家界为研究对象，对张家界旅游者碳足迹进行了探索性研究。笔者认为，在将来的研究中，旅游研究者和旅游从业人员将会逐步认识到旅游者碳足迹仅仅是旅游产业碳足迹的一个较小的组成部分，而为旅游活动顺利开展所使用的旅游设施设备、建筑材料的生产与制造所产生的碳足迹多得多，也是旅游业从业人员所关注的重点。

鼓励多使用当地原材料与食品。相关研究表明，旅游六要素中“吃、住、行、游、购、娱”应该多使用本地材料生产与制造，因为从张家界旅游产业碳足迹的研究中已经知晓，交通运输所产生的碳足迹占总碳足迹量的40%左右，因此，应该尽量减少因车辆运输所造成的碳足迹，使用本地原材料与食品。

鼓励使用新型生态科技材料。目前，低碳材料是科学家们研究的重点与热点，但是旅游部门利用这些新型生态科技材料还很低，应该尽量减少对高能耗高污染材料的使用，多使用清洁能源，发展清洁生产。如酒店、度假村对自然光的利用；酒店宾馆建设中多使用新型绿色环保材料等等。

八、制定低碳旅游政策，促进张家界低碳经济发展

随着中国经济的快速发展，中国 CO_2 排放量的增长速度一直居世界前列，预计到2030年，我国 CO_2 排放总量很可能超过美国，居世界第一位。这种现状是我国“高投入、高消耗、高排放”增长的一个体现，过去30年年均10%的经济增长率是以牺牲巨大的资源环境为代价的。近年来，中国国家主席胡锦涛、国务院总理温家宝及其他国家领导人多次提出应对气候变化任务，明确主张发展低碳经济，培育以低碳排放为特征的新的经济增长点，开展低碳经济示范建设。2009年《国务院关于加快发展旅游业的意见》指出，

实施旅游节能节水减排工程；支持旅游经营单位利用新能源新材料，广泛运用节能节水减排技术，实行合同能源管理，实施高效照明改造，减少温室气体排放，积极发展循环经济，倡导低碳旅游方式。目前，从世界范围看，当前实体经济的调整已非纸上谈兵，发展低碳经济成为了各国的共识。因此，结构调整的方向已基本明确，目前需要尽快出台促进低碳经济发展的政策措施。

旅游业是集吃、住、行、游、购、娱等服务为一体的综合性产业，旅游业的生产既涉及旅游部门之中的各个行业，又涉及旅游部门之外的其他部门或行业。旅游产品生产与产品消费的同时性，是旅游业与其他产业的最大差别。近年来，众多学者专家对“旅游无烟说”的观点提出了挑战，相关研究表明旅游业同样对自然环境与历史文化有负面影响。更深层次的是，旅游过程中的食物供给、宾馆住宿、建筑建造、交通运输、商品生产、垃圾处理等环节均会生产碳排放。

旅游行政管理部门和从业人员也一直在努力思考如何在旅游业推进节能环保，创建低碳旅游示范区，大力发展低碳旅游，如对绿色饭店，饭店节能，绿色建筑，生态旅游区，生态饭店，低碳饭店，生态停车场，生态厕所等制定了国家或地方标准。另外，部分省市旅游行政管理机构也制定了旅游行业节能降耗相关政策来促进旅游业节能减排。我国实施的旅游节能降耗与低碳旅游政策，同西方发达国家显著不同。尽管目前以“目标责任制”为主线、以“命令—控制”为主体的政策工具是最有效、最直接的工具，但是也带来了一些问题：①目标责任制考核指标的确立和分解，缺乏科学依据，带来极为高昂的政策执行成本和监督成本，甚至使政策变成一纸空文；②现有财税政策不够灵活，对节能减排技术研发与扩散支持力度不够；③碳排放交易市场尚未建立，市场类政策工具应用不够。

总之，中国低碳经济还处在起步阶段，尚无系统的低碳经济政策，也无专门以低碳为目标的政策工具，这对低碳经济发展极其不利。旅游业作为战略性支柱产业，资源消耗低，带动系数大，就业机会多，综合效益好。其当务之急，便是需要研究、制定鼓励适合我国国情的低碳旅游发展政策体系。

第七章 研究不足与展望

第一节 研究不足之处

(1)旅游碳足迹模型参数有待继续精确。

旅游气候变化已经逐步成为当前旅游研究领域的热点问题之一，但是旅游碳足迹的研究还刚刚起步。通过研究国内外碳足迹计算模型发现，各个国家或组织对碳足迹计算模型中因子相关参数值的确定具有较大的差异，本研究基于现有碳足迹模型参数、结合中位数，平均数科学选择、多种研究方法结合确定参数等原则可能造成旅游碳足迹参数有一定的偏差。

(2)旅游碳足迹分析结果有待进行深化。

旅游碳足迹涉及旅游者碳足迹、旅游产业碳足迹和旅游经济碳足迹，本书在考虑研究的可进入性、调研数据的可得性的情况下，仅对张家界旅游者碳足迹进行了计算与分析，而对旅游经济碳足迹的研究还尚未涉及，也可能会造成其他研究者认为旅游业对气候变化造成的气候还不大的错误认识。

(3)旅游客源市场数据收集仍需继续加强。

旅游碳足迹分析的核心之一是旅游客源地位置、市场规模、客源组织方式、游客旅游目的地行为、旅游产品决策等多方面因素的综合分析。本书根据对张家界旅游局、张家界代表性旅行社、长沙代表性旅行社、张家界宾馆酒店、张家界荷花机场、张家界主要旅游商品生产与经营企业以及湖南省内外相关旅游研究专家等方面来收集与整理数据，取得了比较全面、基本真实可靠的数据，但是仍然需要继续加强，特别是航空、自驾车、旅游决策等方面的数据较为突出。

(4)旅游碳足迹分析的时间尺度研究深化。

本书以张家界 2008 年的相关旅游数据为基础分析了张家界旅游碳足迹的空间变化，对张家界旅游碳源有了较为深刻的认识与理解。但是，由于旅游碳足迹的时间尺度分析涉及到当年游客总人数、当年客源市场结构特征、当年游客旅游交通工具使用、当年宾馆酒店可供床位数、当年宾馆年游客实际接待量、当地接待游客旅游线路等多因素的影响，从时间尺度来分析旅游碳足迹难度较大，有待继续深化研究。

(5)低碳旅游发展激励政策体系亟需制订。

目前，国内外都认为需要转变经济增长方式，把经济由“高能耗低产值”往“低能耗高产值”转变，低碳经济在我国刚刚起步，低碳旅游发展激励政策体系尚未建立。旅游行政管理部门和从业人员也一直在努力思考如何在旅游业推进节能环保，创建低碳旅游示范区，大力发展低碳旅游，可当前我国的政策工具是以“目标责任制”为主线，以“命令—控制”为主体的政策工具，与市场所需要的基于“市场—政策”两只手而又符合经济规律的政策体系还尚处于研究的初级阶段。

第二节　研究展望

(1)旅游碳足迹基本概念、类型、模型研究。

目前，碳足迹是继生态足迹之后出现的一个新词汇，现有的对碳足迹的研究侧重的是国际贸易、碳足迹模型评价、碳标章等方面的研究，可碳足迹与旅游的结合而新形成的旅游碳足迹的研究还刚刚开始。因此，非常有必要深入认识旅游碳足迹基本概念、类型、模型构成、碳估计估算框架构成等内容。只有对旅游碳足迹的认识与研究更为深入，其才会受到更多研究者的关注与认同。

(2)旅游碳足迹分析的时间尺度考虑研究。

由于旅游碳足迹的时间尺度分析涉及到当年游客总人数、当年客源市场结构特征、当年游客旅游交通工具使用、当年宾馆酒店可供床位数、当年宾馆年游客实际接待量、当地接待游客旅游线路等多因素的影响，从时间尺度来分析旅游碳足迹难度较大，有待继续深化研究。因此，研究者有必要收集研究地碳足迹相关的各方面的材料，有针对性地收集游客旅行、餐饮、住宿等有关信息，以便能够从历时角度对旅游碳足迹进行对比分析。

(3)低碳旅游发展激励政策体系的制定研究。

发达国家基于经济学的市场失灵理论，产权理论，信息不对称和委托—代理理论，不确定性理论以及工业生态学和循环经济学理论等理论，充分利用了市场机制，尽可能地调动微观经济主体(企业、消费者)的积极性，政府发挥制定规则和弥补市场失灵的作用，设计的各种有效的低碳经济政策，如政府管制政策，碳排放税政策，财政补贴政策，碳基金政策，碳排放交易政策，标签计划政策，资源协议政策，能源合同管理政策，工业园规划政策等。我们在学习这些国外低碳经济发展的相关政策时，应该结合我国国家和区域的宏观与微观背景，制定针对性强、操作性易、广泛认同、民众称赞的政策体系。

(4)低碳旅游经济促进发展的相关技术研究。

任何经济活动的发展都离不开物质载体，当然低碳旅游经济的发展也离不开旅游景区、宾馆酒店、交通工具。除了在政策层面制定鼓励低碳旅游发展的相关激励策略之外，旅游景观、宾馆、交通、餐饮、娱乐、宣传等方面的低碳技术的使用是减少碳足迹的最直接的手段。低碳旅游研究者应该根据资源特点、区域特色、服务对象等因素，开发游客感兴趣、参与性高、利益相关者受益的相关技术。

(5)低碳旅游、碳汇旅游和零碳旅游的研究。

低碳旅游是当前研究的热点，低碳旅游研究的目的是减少碳足迹，甚至到无碳足迹，那就达到了零碳旅游的阶段，以及碳足迹减少的目的是碳中和，那也就会产生碳汇旅游。可以结合国内外关于碳源碳汇、生态补偿、碳中和、碳封存的相关研究成果，提出从低碳旅游到碳汇旅游到零碳旅游的发展轨迹的研究。

(6)有关低碳旅游相关衡量标准的制定研究。

低碳旅游是与高碳旅游相对的，但是目前并没有两者的区分，低碳旅游政策体系、低碳经济技术、低碳旅游、碳汇旅游和零碳旅游等都需要通过定量的标准得以衡量。事实上，随着人们生活水平的提高、可支配收入的增加、闲暇时间的增加和工作的辛劳等因素的影响下，外出旅游将会逐步成为民众的一种生活方式，那势必会增加旅游碳足迹量，但是如何衡量某种旅游或某次出行是低碳旅游，那亟需制订相关的定量标准。只有这样，低碳旅游才会更加深入人心，也才会有发展与提高之源与力。

参考文献

[1] 魏一鸣，刘兰翠，范英等. 中国能源报告（2008）：碳排放研究[M]. 北京：科学出版社，2008.
[2] 王之佳.《联合国气候变化框架公约》及其《京都议定书》的发展前程与未来前景分析[J]. 上海环境科学，2002：85－89.
[3] 中国江西网. 低碳经济世界中的中国[OE/BL]. http：//www. jxcn. cn/34/2009－3－20/30103@492766. htm. 2009－08－16.
[4] 网易新闻. 联合国相关组织探讨旅游与气候变化的关系[OE/BL]. http：//www. 9tour. cn/info/53/72654. shtml. 2009－08－16.
[5] 联合国环境规划署. 联合国气候变化与旅游[OE/BL]. www. unep. org/chinese/documents/Davos_ Conf . 2007－12－10.
[6] 钱 杰. 大都市碳源碳汇研究——以上海为例[D]. 华东师范大学（博士论文），2004.
[7] 国务院办公厅. 关于加快发展旅游业的意见[OB/EL]. http：//news. xinhuanet. com/fortune. 2010－2－20.
[8] 顾朝林，谭纵波，刘宛，等. 气候变化、碳排放与低碳城市规划研究进展[J]. 城市规划学刊. 2009（3）：38－45.
[9] 丁仲礼. 试论应对气候变化中的八大核心问题[C]. CNC－WCRP、CNC－IGBP、CNC－IHDP、CNC－DIERSITAS2008 年联合学术大会交流材料，2008.
[10] IPCC. Climate change 2007：the physical science basis[M]. NewYork：Cambridge University Press，2007：996.
[11] 普雷斯科特. 低碳经济遏制全球变暖——英国在行动[J]. 环境保护，2007/6A：74－75.
[12] 孟德凯. 关于我国低碳经济发展的若干思考[J]. 管理观察，2007，（9）：125－126.
[13] 曲建升，王琴，曾婧婧，等. 我国 CO_2 排放的区域分析[J]. 中国科学院国家科学图书馆科学研究动态监测快报，2008（12）：1－7.
[14] 王铮，朱永彬. 我国各省区碳排放量状况及减排对策研究[J]. 中国科学院院刊，2008，23(2)：109－115.
[15] 何建坤，刘滨. 我国减缓碳排放的近期形势与远期趋势分析[J]. 中国人口资源与环境，2008，18（3）：153－157.
[16] 全球环境变化研究信息中心等编. 国际全球环境变化 2008 回眸[C]. CNC－IHDP2008 年工作会议文件.
[17] 薛春汀. 21 世纪海面上升对珊瑚礁岛屿的影响和对策[J]. 海洋科学，2003，27（10）：35－39.
[18] 金玲，陈雄. 全球气候变化对旅游业的影响及其响应策略[J]. 湖州师范学院学报，

2006, 28(2): 10 - 14.
[19] 陈金华, 秦耀辰. 全球气候变化对旅游业的影响与启示[C]. 创新发展——河南省第五届学术年会论文选集, 2007: 40 - 43.
[20] 崔长彬. 低碳经济模式下中国碳排放权交易机制研究[D]. 河北师范大学(硕士论文). 2008.
[21] 赵娜, 何瑞, 王伟. 英国能源的未来——创建一个低碳经济体[J]. 现代电力. 2005(8): 80 - 85.
[22] 姚良军, 孙成永. 意大利的低碳经济发展政策[J]. 中国科技产业, 2007(11): 58 - 60.
[23] 胡涂洋. 低碳经济与中国发展[J]. 科学对社会的影响. 2008(1): 63.
[24] 李俊峰, 马玲娟. 低碳经济是规制世界发展格局的新规则[J]. 世界环境, 2008(2): 64.
[25] 胡鞍钢. “绿猫”模式的新内涵——低碳经济[J]. 世界环境, 2008(2): 70.
[26] 孙佑海, 丁敏. 依法促进低碳经济的快速发展[J]. 世界环境, 2008(2): 43.
[27] 庄贵阳. 低碳经济引领世界经济发展方向[J]. 世界环境, 2008(2): 40.
[28] 王春峰. 低碳经济下的林业选择[J]. 世界环境, 2008(2): 37.
[29] 姬振海. 低碳经济与清洁发展机制[J]. 中国环境管理干部学院学报, 2008(6): 15 - 19.
[30] 付 允, 汪云林, 李丁. 低碳城市的发展路径研究[J]. 科学对社会的影响, 2008(2): 5 - 10.
[31] 张 雷. 经济发展对碳排放的影响[J]. 地理学报, 2003(4): 629 - 637.
[32] 赵云君, 文启湘. 环境库兹涅茨曲线及其在我国的修正[J]. 经济学家, 2004(5): 69 - 75.
[33] 赵一平, 孙启宏, 段宁. 中国经济发展与能源消费响应关系研究[J]. 科研管理, 2006(3): 128 - 134.
[34] 王中英, 王礼茂. 中国经济增长对碳排放的影响分析[J]. 安全与环境学报, 2006(5): 88 - 91.
[35] 吴瑞林. 不能躺在“环境库兹涅茨曲线上等拐点”[N]. 中国环境报. 2006. 08.
[36] 中国现代化战略研究所, 中国科学院中国现代化研究中心. 中国现代化报告2007年——生态现代化研究[M]. 北京: 北京大学出版社, 2007.
[37] 杜婷婷, 毛锋, 罗锐. 中国经济增长与CO_2排放演化分析[J]. 中国人口·资源与环境, 2007(2): 94 - 99.
[38] 付 允, 马永欢, 刘怡君, 等. 低碳经济的发展模式研究[J]. 中国人口·资源与环境, 2008(3): 41 - 46.
[39] 张 愉, 陈徐梅, 张跃军. 低碳经济是实现科学发展观的必由之路[J]. 中国能源, 2008(4): 21 - 23.
[40] 任卫峰. 低碳经济与环境金融创新[J]. 上海经济研究. 2008(3): 83 - 87.

[41] 谭　丹，黄贤金，胡初枝. 我国工业行业的产业升级与碳排放关系分析[J]. 环境经济，2008(4)：56 - 60.
[42] 英国标准协会、节碳基金和英国环境、食品与农村事务部. PAS 2050：产品与服务生命周期温室气体排放评估规范[S]. 2008
[43] 林而达，李玉娥. 全球气候变化和温室气体排放清单编制方法[M]. 北京：气象出版社，1998.
[44] 崔民选. 中国能源发展报告(2008)[M]. 北京：社会科学文献出版社，2008.
[45] 齐晔，李惠民，徐明. 中国进出口贸易中的隐含碳估算[J]. 中国人口·资源与环境，2008，18(3)：8 - 13.
[46] 陈红敏. 包含工业生产过程碳排放的产业部门隐含碳研究[J]. 中国人口·资源与环境，2009，19(3)：25 - 30.
[47] 祁悦，谢高地. 碳排放空间分配及其对中国区域功能的影响[J]. 资源科学，2009，31(4)：590 - 597.
[48] 陈佳瑛，彭希哲，朱勤. 家庭模式对碳排放影响的宏观实证分析[J]. 中国人口科学，2009，5：68 - 78，111.
[49] 台湾行政院"国家"永续发展委员会秘书处. 碳足迹标示及碳标章建置规划(草案)[R]. 2009.
[50] 梅建屏，徐建，金晓斌，等. 基于不同出行方式的城市微观主体碳排放研究[J]. 资源开发与市场，2009，25(1)：49 - 52.
[51] 百度百科. 碳足迹[OE/BL]. http：//baike. baidu. com/view/757714. htm? fr = ala0_ 1_ 1 2009 - 08 - 16.
[52] 章锦河，张捷. 旅游生态足迹模型及黄山市实证分析[J]. 地理学报，2004，59(4)：763 - 771.
[53] 陈丽萍，杨忠直. 中国进出口贸易中的生态足迹[J]. 世界经济研究，2005，(5)：8 - 11.
[54] 百度百科. 碳足迹[OE/BL]. http：//baike. baidu. com/view/1255798. htm? fr = ala0_ 1_ 1 2009 - 08 - 16.
[55] 吴必虎. 区域旅游规划原理[M]. 北京：中国旅游出版社，2001.
[56] 保继刚，楚义芳. 旅游地理学(修订版)[M]. 北京：高等教育出版社，1999.
[57] 孙启宏，万年青，范与华. 国外生命周期评价(LCA)研究综述[J]. 世界标准化与质量管理. 2000(12)：24 - 25
[58] 左铁镛，聂祚仁. 环境材料基础[M]. 北京：科学出版社，2003.
[59] 姜启源，谢金星，叶俊. 数学模型(第三版)[M]. 北京：高等教育出版社，2003
[60] 甘应爱，田丰. 运筹学(第二版)[M]. 北京：清华大学出版社，2000
[61] 翁端，余晓军. 关于环境材料的一些研究进展[J]. 材料导报. 2000，14(11)：19 - 21.
[62] 杨君玲. 材料的环境负荷评价(硕士学位论文). 兰州大学，1997.

[63] 中大大学旅游发展与研究中心. 张家界旅游产业总体发展规划[R]. 2009.
[64] 张家界市统计局. 张家界统计年鉴(2009)[M]. 2009.
[65] 联合旅游商品. 张家界旅游商品产业集群"十一五"及2020年远景发展规划纲要[OB/EL]. http://www. chinajoint. com. cn/news/200811/20081120214956 4580. htm. 2009-12-01.
[66] Weber C. L., Peters G. P. Guan D., Hubacer K. The contribution of Chinese exports to climate change[J]. Energy Policy, 2008, 36 (9): 3572-3577.
[67] Susanne B. Harmonizing climate change adaptation and mitigation: the case of tourist resorts inFiji[J]. Global Environmental Change Part A, 2005, 15 (4): 3562-3567.
[68] Kirstie M., El Parker. Tourist sector perceptions of natural hazards inVanuatu and the implications for a small island developing state[J]. Tourism management, 2006, 27 (4): 362-367.
[69] Gallarza, M. G., Saura I. G. and Gareia H. C. Destination image: towards a conceptual framework[J]. Annals of Tourism Research, 2002(1): 1036-1049.
[70] Hulme M., Mitchell J., Ingra W. Climate change scenarios for global impacts studies [J]. Global Environmental Change, 1999.
[71] Stern N. Stern Review on The economies of Climate Change[M]. Cambridge University Press. 2007.
[72] Brooks N, Gash J. et al. Climate stabilization and dangerous climate change: A review of the relevant issues[R]. Background Paper of Defra Seoping Study: Setting a new Agenda for Research Related to Climate Stabilization. 2004.
[73] Sturluson J. T. Economic Instrument for decoupling environmental pressure from economic Growth[R]. Project Description, August13, 2002.
[74] OECD. Indicators to measure decoupling of environmental pressure from economic growth [R]. Summary Report, OECDSG/SD.
[75] Tapio P. Towards a theory of decoupling: Degrees of decoupling in the EU and the case of road traffic inFinland between 1970 and 2001 [J]. Journal of Transport Policy, 2005 (12): 137-151.
[76] Panayotou T. Economic Growth and the Environmental. Economic Survey ofEurope[M]. 2003, No. 2: 45-72.
[77] Ankarhem M. A dual assessment of the environmental Kuznets Curve: The case ofSweden [R]. Umea Economic studies, 660, Umea University, Sweden. 2005.
[78] Fridel B. Getzner M. Determinants of CO_2 emissions in a small open eeonomy[J]. Ecological Economies, 2003, 45(1): 133-148.
[79] Grubb M., Muller B., Butter L. The relationship between carbon dioxide emissions and economic growth [M]. Oxbridge study on CO_2-GDP relationships, Phase Ⅰ results. 2004.

[80] David W. P. & Turner R. K. Economics of Natural Resources and the Environment[M]. London: Harvester Wheatsheaf, 1990.
[81] BP. What is a Carbon Footprint? [OE/BL]. 2009-07-30, http://www.bp.com/liveassets/bp_internet/globalbp/STAGING/global_assets/downloads/A/ABP_ADV_what_on_earth_is_a_carbon_footprint.pdf
[82] Patel, J. (2006). "Green sky thinking". Environment Business(122): 32.
[83] Carbon Trust. "Carbon Footprint Measurement Methodology, Version 1.1". 27[OE/BL]. 2009-07-30, http://www.carbontrust.co.uk.
[84] Energetics. The Reality of Carbon Neutrality, London[OE/BL]. 2009-07-30, www.energetics.com.au/file?node_id=21228
[85] ETAP. The Carbon Trust HelpsUK Businesses Reduce their Environmental Impact, Press Release[OE/BL]. 2009-07-30, http://ec.europa.eu/environment/etap/pdfs/jan07_carbon_trust_initiative.pdf
[86] GFN. "Ecological Footprint Glossary". Global Footprint Network, Oakland, CA, USA [OE/BL]. Accessed July 2007 from http://www.footprintnetwork.org/gfn_sub.php? content=glossary
[87] Grubb and Ellis. Meeting the Carbon Challenge: The Role of Commercial Real Estate Owners[M]. Users & Managers, Chicago. 2007
[88] POST (2006) "Carbon footprint of electricity generation". POST note 268, October 2006, Parliamentary Office of Science and Technology, London, UK.
[89] Tukker A. & Jansen B. Environmental impacts of products - a detailed review of studies [J]. Ind. Ecol, 2006, 10: 59-82.
[90] Matthews, H. S., Weber C., Hensrickson C. T. Estimating carbon footprints with input-output models[C]. International input output meeting on managing the environment. 2008, Seville, Spain, 1-10.
[91] Lebel Louis, A., Garden, Po, Bantaicla, Ma, Lasco, Rodel, Contreras, Antonio, Mitra, A. P., Sharma, Chhemendra, Nguyen, Hoang, Giok, Ool, Sari. Integrating carbon management into the development strategies of urbanizing regions in Asia[J]. Journal of Industrial Ecology, 2007, 11(2): 61-81.
[92] Schulz, N. B. Delving into the carbon footprints ofSingapore - comparing direct and indirect greenhouse gas emissions of a small and open economic system[J]. Energy Policy, 2009, doi: 10.1016/j.enpol.2009.08.066
[93] Brown M. A., Southworth F., Sarzynski A. The geography of metropolitan carbon footprints[J]. Policy and Society, 2009, 27: 285-304.
[94] Wyckoff, A W, & Roop, J. M. The Embodiment of Carbon in Imports of Manufactured Products: Implications for International Agreements on Greenhouse GasEmissions[J]. Energy Policy, 1994, 22(3): 187~194.

[95] Khrushch, M. Carbon Emissions Embodied in Manufacturing Trade and International Freight of the Eleven OECD Countries [D]. Berkeley: University of California at Berkeley (MSc. 'sThesis), 1996.

[96] Lenzen, M. Primary Energy and Greenhouse Gases Embodied in Australian Final Consumption: an Input – output Analysis[J]. Energy Policy, 1998, 26 (6): 495 ~506.

[97] Schaeffer, R, Sa', A. L. The Embodiment of Carbon Associated with Brazilian Imports and Exports[J]. Energy Conversion and Management, 1996, 37, (6 –8): 955 ~960.

[98] Ahmad, N, Wyckoff, AW. 2003, Carbon Dioxide Emissions Embodied in International Trade of Goods[R], STI WorkingPaper DSTI/DOC, vol. 15. Organization for Economic Co-operation and Development (OECD), Paris, France.

[99] Shui B. & Harriss R. C. The role of CO_2 embodiment in US – China trade[J]. Energy Policy, 2006, (34) : 4063 ~4068

[100] Weber C. L. & Matthews H. S. Embodied environmental emissions inU. S. international trade, 1997 –2004[J]. Environ. Sci. Technol, 2007, 41: 4875 –4881.

[101] Herrmann I. T. & Hauschild M. Z. Effects of globalization on carbon footprints of products[J]. CIRP Annals-Manufacturing Technology, 2009, 58: 13 –16.

[102] Lenzen, M., Murray, J., Sack, F., Wiedmann, T. Shared Producer and Consumer Responsibility: Theory and Practice [J]. Ecological Economics, 2007, 61, (1): 27 –42.

[103] Weber C., Matthews, H. S. Quantifying the global and distributional aspects of American household carbon footprint[J]. Ecological Economics, 2008, 66: 379 –391.

[104] Druckman A. & Jackson T. The carbon footprint ofUK households 1990 –2004: a socio-economically disaggregated, quasi-multi-regional input-output model[J]. Ecological Economics, 2009, 68: 2066 –2077.

[105] Kenny T. & Gray N. F. Comparative performance of six carbon footprint models for use inIreland[J]. Environmental Impact Assessment Review, 2009, 29: 1 –6.

[106] Padgett J. P., Steinemann A. C., Clarke J. H., et al. A comparison of carbon calculators[J]. Environmental Impact Assessment Review, 2008, 28: 106 –115.

[107] Piecyk, M. I., McKinnon, A. C. Forecasting the carbon footprint of road freight transport in 2020[J]. International Journal of Production Economics, 2009, doi: 10. 1016/j. ijpe. 2009. 08. 027.

[108] Oberbacher B., Nikodem H., Walter K. LCA-How it came about: An Early Systems Analysis of Packaging for Liquids[J]. The International Journal of Life Cycle Assessment. 1996, 1(2): 62 –65.

[109] Robert G., Franklin H. W. E. LCA-How it Came About: Personal Reflection on the Original and the Development of LCA in theUSA[J]. The International Journal of Life Cycle Assessment. 1996, 1(1): 4 –7

[110] Jensen A. A, Elkington J., et al. Life Cycle Assessment(LCA): A guide to approaches, experiences and information sources[R]. Report to the European Environment Agency, Copenhagen, 1997

[111] Gurran M. A. Environmental Life-Cycle Assessment[M]. USA: McGraw-Hill Companies Inc., 1996.

[112] SETAC(North American) Workgroup on Life Cycle Impact Assessment and SETAC (Europe) Workgroup on Life Cycle Impact Assessment. Evolution and Development of the Conceptual Framework and Methodology of Life-Cycle Impact Assessment[M]. SETAC (Society of Environmental Toxicology and Chemistry) Press, January 1998

[113] ISO International Standard 14040. Environmental management – Life cycle assessment-Principles and framework[S]. International Organization for Standardization (ISO), Geneva, 1997.

[114] ISO International Standard 14041. Environmental management-Life cycle assessment-Goal and scope definition and Inventory analysis [S]. International Organization for Standardization(ISO), Geneva, 1998.

[115] ISO International Standard 14042. Environmental management – Life cycle assessment-Life cycle Impact assessment[S]. International Organization for Standardization(ISO), Geneva, 2000.

[116] ISO International Standard 14043. Environmental management – Life cycle assessment – Life cycle Interpretation[S]. International Organization for Standardization(ISO), Geneva, 2000.

[117] ISO 14040. Environmental Management-Life Cycle Assessment-Principles and framework [S]. International Organization for Standardization(ISO), 2006.

[118] ISO 14044. Environmental management-Life cycle assessment-Requirements and guidelines[S]. International Organization for Standardization(ISO), 2006.

[119] James A. F. Life Cycle Initiative: A Joint UNEP/SETAC Partnership to advance the Life-Cycle Economy[J]. The International Journal of Life Cycle Assessment. 2002, 7(4): 196 – 198.

[120] Helias A. Udo H., Olivier J., Greg N. and Konrad S. UNEP/SETAC Life Cycle Initiative: Background, Aims and Scope[J]. The International Journal of Life Cycle Assessment. 2002, 7(4): 192 – 195.

[121] Rebitzera G., Ekvallb T., Frischknecht R., et al. Life cycle assessment Part 2: Current impact assessment practice[J]. Environmental International. 2004, 30: 721 – 729.

[122] Jeroen B., Guinée, Marieke Gorrée, Reinout Heijungs, et al. Life cycle assessment: An operational guide to the ISO standards[M]. Dordrecht: Kluwer Academic Publishers, 2001.

[123] Saaty T. L. The analytic hierarchy process, planning, priority setting, resource allocation[M]. USA: McGraw – Hill Companies Inc., 1980.

[124] Ong S. K., Koh T. H., Nee A. Assessing the environmental impact of materials processing techniques using an analytical hierarchy process method[J]. Journal of Materials Processing Technology. 2001, 113: 424 – 431.

[125] Edgar G. H., Thomas E. M., and William S. P. Parameter Uncertainty and Variability In Evaluative Fate and Exposure Models[J]. Risk Analysis. 1999, 19(6): 1193 – 1204.

[126] Hansen OJ. Status of Life Cycle Assessment(LCA) activities in the Nordic region[J]. International Journal of LCA. 1999, 4: 315 – 320.

[127] Steen B. A systematic approach to Environmental Priority Strategies in product development(EPS)-Version 2000 – general system characteristics – CPM report[R]. Goteborg: Chalmers University, 1999

[128] Goedkoop M, Spriensma R. The Eco – indicator 99: A damage oriented method for life cycle assessment – Methodology report[R]. Netherlands: PRé Consultants, 1999.

[129] Wenzel H, Hauschild M, Alting L. Environmental assessment of products, vol. 1[M]. London, UK: Chapman & Hall, 1997.

[130] Owens J. W. Life-Cycle Assessment: Constraints on Moving from Inventory to Impact Assessment[J]. Journal of Industrial Ecology. 1997, 1(1): 37 – 49.

[131] Reinout H., Tom L. Improvement of LCA characterization factors and LCA practice for metals[R]. Institute of EnvironmentalSciences – Leiden University, 2004.

[132] Nico W. van den Berg, Gjalt Huppes, Erwin W. Lindeijer, et al. Quality Assessment for LCA[R]. Institute of EnvironmentalSciences – Leiden University, 2001.

[133] Nie Zuoren, Di Xianghua, Li Guiqi, Zuo Tieyong. Material life cycle assessment inChina[J]. The International Journal of Life Cycle Assessment. 2001, 6(1): 47 – 48.

[134] Lopes E., Dias A., Arroja L., et al. Application of life cycle assessment to the Portuguese pulp and paper industry[J]. Journal of Cleaner Production. 2003, 11(1): 51 – 59.

[135] Houillon G., Jolliet O. Life cycle assessment of processes for the treatment of wastewater urban sludge: Energy and global warming analysis[J]. Journal of Cleaner Production. 2005, 13(3): 287 – 299

[136] Perugini F., Mastellone M, Umberto L. A. Environmental aspects of mechanical recycling of PE and PET: A life cycle assessment study[J]. Progress in Rubber Plastics Recycling Technology. 2004, 20(1): 69 – 84.

[137] Lunt D., Zhuang Y., Brooy S. L. Life Cycle Assessment of Process Options for Copper Production[C]. Green Processing 2002 – Proceedings: International Conference on the Sustainable Processing of Minerals. 2002: 185 – 193.

[138] Jian-Xin Yang, Ru – Song Wang, Hao Fu, Jing-Ru Liu. Life cycle assessment of mobile phone housing[J]. Journal of Environmental Sciences, 2004, 16(1): 100 – 103.

[139] Dong Xiang, Xueping Liu, Ying Wu, et al. Life cycle assessment tool for electromechanical products green design[C]. IEEE International Symposium on Electronics and the Environment, 2003: 120 – 124.

[140] Atsushi F., Katsunori T., Kiyotaka T., et al. Automobile life cycle assessment issues at end – of – life and recycling[J]. JSAE Review. 2003, 24(4): 381 – 386.

[141] Kwangho Park, Yongwoo Hwang, Seongwon Seo, et al. Quantitative assessment of environmental impacts on life cycle of highways[J]. Journal of Construction Engineering and Management. 2003, 129(1): 25 – 31.

[142] Shiels S., Garner D., Clift R. Using life – cycle assessment to inform the nuclear debate [J]. Nuclear Energy. 2002, 41(6): 375 – 381.